Helmut Zwickl,
Jahrgang 1939, geboren in Wien.
Schulzeit: begabt, aber faul, war im Fußball besser als in Latein und Mathematik, mit 21 die ersten Artikel über Motorsport in Wiener Zeitungen, »die damals diesen Sport überhaupt nicht zur Kenntnis nahmen«. Hobby-Journalist bis 1965, stand dann am beruflichen Scheideweg und gab dem Journalismus den Vorrang, anstatt eine kleine Farbenfabrik zu übernehmen, in der er als Chemiker tätig war.
Als Motor-Mitarbeiter beim Kurier (Wien) und bei den angesehensten deutschsprachigen Motor-Magazinen, wie Auto Zeitung, Auto, Motor und Sport, Sport Auto, Sport-Zürich, Automobil-Revue (Bern), beim ORF und der Wiener Auto Revue gilt er als Spezialist für hautnahe Grand-Prix-Reportagen. Von Januar bis Oktober ist Helmut Zwickl zwischen Daytona und Zeltweg unterwegs zu den großen Rennen.
Neuestes Hobby: die Fliegerei.

Helmut Zwickl

Niki Lauda

Reportage einer Karriere

Ueberreuter

Titelfoto: A. H. Rottensteiner
Rückseite: T. Temburg

ISBN 3 8000 3133 7
J 741/1

Umschlag von Brigitte Schwaiger

Gesamtherstellung: Salzer - Ueberreuter, Wien
Printed in Austria

Ausbruch aus der Geborgenheit

Das gewisse »Go«

Als kleiner Bub fürchtete sich Niki Lauda vor Pferden. Heutzutage ist er gegen Katzen »fürchterlich allergisch«, wie er selbst gesteht. Er braucht Katzen gar nicht zu sehen, allein ihre Anwesenheit in einem Haus genügt, daß er »Atembeklemmungen kriegt«. Er soll ein stilles – in Wien sagt man »g'schrecktes« – Kind gewesen sein. Am 22. Februar 1949 wurde er im Tierkreiszeichen »Fische« geboren.

Die Laudas: eine vermögende Bürgerfamilie, ein Menschentyp, der sich vom Beamten- und Offiziersadel der k. u. k. Monarchie bis zum Industriemanager weiterentwickelt hat. Dr. Hans Lauda, Nikis Großvater – er starb im Jänner 1974 –, saß im Aufsichtsrat etlicher Großbetriebe, er war Träger des Silbernen Ehrenzeichens für Verdienste um das Bundesland Wien, Träger des Verdienstgroßkreuzes mit Stern des souveränen Malteser Ritterordens, Präsident der Österreichischen Gesellschaft vom Roten Kreuz. Dieser Hans Lauda saß – später einmal zum Leidwesen von Niki – auch im Aufsichtsrat der Ersten österreichischen Spar-Casse.

Nikis Vater, Dipl.-Ing. Ernst Peter Lauda, war bis vor drei Jahren im Aufsichtsrat der Neusiedler AG. Nikis Onkel Heinz Lauda ist heute Generaldirektor der Veitscher Magnesitwerke. Das Thema Motorsport wurde bei den Laudas meist von Onkel Heinz angeschnitten.

1953 fuhr ein Cadillac auf den Nürburgring zum Großen Preis von Deutschland. Im Wagen saßen Nikis Großmutter, Onkel Heinz, Nikis Vater und der heute bekannte Motorsportfunktionär Martin Pfundner aus Wien. Onkel Heinz bestritt unter dem Pseudonym »Karl Heinz« sogar Go-Kart-Rennen. Das Pseudonym hatte seinen Grund: Er bekleidete damals schon einen Direktorsposten in den Magnesitwerken.

In Hirschwang an der Rax unternahm Niki seine ersten Gehversuche mit einem Auto. Er war kaum zwölf Jahre alt. Mit Freunden baute er sich Sprungschanzen, auf denen man Chassis von alten VWs und Puchs stundenlang strapazierte. »In der Schule«, erinnert sich Niki, »war ich keine Leuchte.« In der fünften Mittelschule ließ man ihn »sausen«: »Ich glaube, es haperte in allen wichtigen Gegenständen«, bekennt Niki. Er schaffte die Matura nachträglich in der Maturaschule Roland.

1968 versuchte er sich in einem frisierten Mini-Cooper; seine ersten Runden drehte er dort, wo sechs Jahre früher Jochen Rindt zum erstenmal ein Rennwagen-Cockpit enterte: in Kottingbrunn bei Wien, auf dem Reifenprüfgelände von Semperit. Fritz Baumgartner, der damals zu den schnellsten Tourenwagenrennfahrern Österreichs zählte, hatte einen Renn-Mini anzubieten, auf den Niki scharf war. In Kottingbrunn übernahm Niki erstmals das Steuer des giftigen Mini-Cooper, den Baumgartner in Österreich von Sieg zu Sieg chauffiert hatte.
»Ich erinnere mich noch sehr genau«, sagt Baumgartner, »daß der Niki mit dem Wagen von Beginn an erstaunlich gut zurechtkam.« Was Baumgartner sofort auffiel: »Er strahlte nicht jene Hektik aus, die man bei Leuten immer wieder sieht, die das erste Mal ein Rennauto fahren.«
Am 15. April 1968 schleppte man den bis zur Explosionsgrenze frisierten Mini zum Bergrennen Mühllacken in der Gegend von Linz. Erinnert sich Baumgartner: »Ich sagte Niki: ›Du hast ein gutes Auto und sogar die Chance, zu gewinnen. Zu deiner Sicherheit aber rate ich dir, dreh den Motor im ersten Lauf nicht voll aus.‹«
Niki hielt sich an den Ratschlag. Er fuhr einen gestochen sauberen ersten Lauf und erzielte in der 1300-ccm-Klasse die zweitschnellste Zeit.
Für den zweiten Lauf gab ihm Baumgartner freie Fahrt: »Niki zeigte, daß er einfach das gewisse ›Go‹ besaß. Man hat es oder hat es nicht.«
Im zweiten Lauf kutschierte Lauda den Mini zur Klassenbestzeit. Die Gesamtzeit aus beiden Läufen sicherte ihm den zweiten Platz in seiner Klasse.
Beim Bergrennen Engelhartszell, am 26. Mai 1968, scheint der Name Lauda bereits am fünften Platz des Gesamtklassements auf: der Tagesschnellste Gerhard Krammer fuhr mit einem Brabham-Alfa-Rennwagen 5 : 36,3 min, Niki Lauda erreichte 5 : 53,0.
Vor ihm rangierte Peter Peter in einem Porsche 911. Sehr schnell realisierte Lauda, was in diesem Sport gespielt wird. Um noch schneller zu fahren, bedurfte es eines noch schnelleren Autos. Kurz entschlossen kaufte er eines Tages Peter Peter den Porsche ab.
Der Familienrat billigte keineswegs diese Eskapaden. Mit jedem Rennen wuchs zu Hause der Widerstand. Mit jedem Rennen wurde Niki darin bestärkt, daß sein Talent nie in den Büros irgendwelcher Laudascher Betriebe liegen kann.
Es gab aber auch Rückschläge. Als er beim Flugplatzrennen in Wien-Aspern im Cockpit von Kurt Bergmanns Kaimann-Formel-V-Rennwagen saß, baute er im Vormittagstraining einen spektakulären Überschlag. »Niki fehlte noch die Übersicht«, meinte Bergmann. Die erste Frage, nachdem

sich Niki aus dem verkehrt liegenden Formel-V-Flitzer unverletzt befreite, verblüffte Bergmann: »Glaubst, kann ich am Nachmittag wieder fahren?«
Noch am Tage vorher war Niki im Motodrom von Hockenheim (Deutschland) in einem Europapokallauf gestartet. Er hatte sich die Trainingsbestzeit und im Rennen die schnellste Runde gesichert. Er ist aber dann nur Vierter geworden, weil ihm das Auto in der letzten Runde über den Grünstreifen galoppierte ...

Wenige Minuten nach dem Überschlag traf Nikis Freundin Mariella, aus Graz kommend, in Aspern ein. »Aspern war mein erstes Rennen. Ich erschien im ungünstigsten Augenblick«, erzählt Mariella, »da waren noch die großen Debatten im Gange.«

Bei einem früheren Überschlag war Mariella in Nikis Leben eingetreten. Nicht auf einer Asphaltpiste, sondern auf einer Schipiste in Badgastein hatte es Niki »zerlegt«. Er lag am Boden, Mariella half ihm auf die Beine. Seither sind sie unzertrennlich. Mariella Reininghaus, die einer bekannten Grazer Bierbrauerfamilie entstammt, strebte in Graz ihr Dolmetschdiplom an, bevor sie an der Wiener Universität Kunstgeschichte inskribierte.

Beim Formel-V-Rennen auf dem Nürburgring sah sich Niki Lauda in einen beinharten Nahkampf mit Helmut Marko verwickelt. Bis zur fünften Runde mußte der routiniertere Marko das Talent Lauda studieren, um ein paar Stellen herauszufinden, wo er schneller war. Marko - Lauda duellierten sich unter die 10-Minuten-Grenze, man war im Nehmen und Geben nicht zimperlich. Marko drückte Lauda irgendwo aus der Bahn und gewann mit 137 km/h Schnitt. Über den zweitplazierten Lauda befragt, meinte Marko: »Der Kleine hat mir einiges aufzulösen gegeben ...«

1970 fuhr er auf einem McNamara Formel-III-Rennen. Lauda war aber zu intelligent, um sich in der Formel III zu vergeuden. Ein Porsche 908 schien ihm nutzbringender: mit ihm ließ sich auf weniger gefährliche Weise nicht nur mehr Startgeld einspielen, sondern auch neues Prestige gewinnen.

Um diesen 350 PS starken Achtzylinder-Sportwagen kaufen zu können, nahm er sich bei einer Schweizer Bank einen 600 000-Schilling-Kredit auf. Der Sportwagen selbst war die Sicherstellung dafür. Die Rechnung ging auf: er schenkte sich das lebensgefährliche Gemetzel der Formel III, der Porsche spielte seinen Kaufpreis ein, die Erste österreichische Spar-Casse und das Bosch-Racing-Team traten für Lauda als Sponsoren auf.

Die Rennen wurden für den Sproß aus einer begüterten Familie der willkommene Ausbruch aus der materiellen Geborgenheit. Vielleicht wagte Niki Lauda in der Folge nur deshalb mit einem so hohen finanziellen Einsatz zu spielen, weil er insgeheim genau wußte: Wenn alle Spekulationen schiefgehen, dann wird ihm seine Familie den Schuldenberg abgraben. Als Profirennfahrer wie auf einer Rasierklinge zu leben mag für ihn aber weniger beunruhigend gewesen sein als der Gedanke, nach einer gescheiterten Karriere umzukehren, etwa gar nach Hause in das bürgerliche Idyll.

Niki Laudas weiterer Höhenflug bis in den Grand-Prix-Sport verblüffte in der Folge nicht zuletzt auch jene Leute, die seinerzeit mit ihm in Österreich Rennen fuhren: Bergrennen, Rundstreckenrennen, Leute, die gegen Lauda in einem Formel-V-, Touren- oder Grand-Tourismo-Wagen konkurrierten.

Sie sagen heute: »Der Niki fuhr damals nicht schlecht, doch so viel besser als wir war er nun auch wieder nicht.«

Diese Herrschaften unterliegen alle einem großen Trugschluß. Wenn man von Laudas cleveren Transaktionen absieht, so war es letztlich immer nur seine natürliche Begabung, die ihm weiterhalf. Jemand kann sechs Stunden am Tag Klavier üben – wenn er kein Talent hat, wird er nie ein Friedrich Gulda werden.

Die meisten Rennfahrer stehen sehr bald an, sie finden ihre Leistungsgrenze im Formel-V-Rennwagen, in einem schnellen Tourenwagen. Sie sind einfach nicht mehr steigerungsfähig.

Niki Lauda war steigerungsfähig bis in die Formel I. Wäre er ein Bluffer gewesen, so wäre er längst bei den vielen Aussiebungen im Laufe seines Aufstieges durch die Maschen gefallen.

Das Nachfolge-Rindt-Spiel

Ein Thron wurde frei

Eine Stunde später mag es gewesen sein, eine Stunde, nachdem Jochen Rindt auf der Monza-Bahn tödlich verunglückt war. Das Datum ist unschwer zu vergessen: 5. September 1970. Im Chaos des wiederaufgenommenen Abschlußtrainings lief ich Dr. Gustav Tiroch über den Weg, dem Präsidenten des Motorsportclubs Knittelfeld. Tiroch gilt als Initiator des Österreichringes. »Wir müssen alles unternehmen«, sagte er, »um Ersatz für Rindt zu finden. Was soll der österreichische Motorsport ohne Rindt?«
Als Jochen Rindt im August 1970 auf dem Österreichring mit Motorschaden ausgefallen war, zerbröckelten die Zuschauermassen, für Zehntausende Fans war der Grand Prix uninteressant geworden. Sie traten verdrossen den Heimweg an.
Ein Jahr später war Pessimismus unangebracht, denn es kamen wieder 100 000 Zuschauer. Auch ohne Rindt.
Die Nachrufe auf unseren toten Weltmeister waren kaum verklungen, als Zeitungen schon seinen Nachfolger proklamierten: Helmut Marko. Ein Grazer wie Rindt, ein Schulfreund von Jochen, der ihm sogar für 1971 die Weichen in sein Formel-II-Team stellen wollte.
»Der Jochen war ein Genie«, sagte Marko, »wie es nur alle zehn Jahre einmal geboren wird.« Marko wußte: Ein Thron war frei geworden, und der Aufstieg zum Gipfel reizte. Wenn Marko aber glaubte, er könne den Aufstieg im Alleingang bewältigen, hatte er sich getäuscht.
Dieter Quester meldete wenige Wochen nach Rindts Tod mit einem Formel-II-Sieg über Clay Regazzoni ernste Ansprüche auf den verwaisten Thron an, und Niki Lauda stand bereits am Sprung in die Formel II. Wie sehr auch er entschlossen war, seine Fahne neben Rindts Gipfelkreuz zu hissen, kam vorerst noch nicht klar zum Ausdruck.
Hypothesen wurden aufgestellt, in denen Marko (Jahrgang 1943) besser als Quester (Jahrgang 1939) wegkam. Marko sei der Jüngere, er habe die echte Profieinstellung, hieß es. Quester sei doch immerhin schon 31 und überdies kein so hungriger Profi – hungrig nicht nur nach Erfolg, sondern auch nach Geld. Quester war Familienvater, lebte in völlig gesicherten sozialen Verhältnissen als schwerreicher Mann.

Als Ing. Udo Pöschmann, damals Sportsekretär des ÖAMTC und Promotor der Jochen-Rindt-Rennwagenshow, im November 1970 mit seinem Plan an die Öffentlichkeit trat, ein österreichisches Formel-II-Team ins Leben zu rufen, stand aus besagten Überlegungen Dieter Quester nicht mehr zur Debatte. Man wollte zwei junge Leute aufbauen, ihnen für den Weg nach oben die Steigbügel halten: Marko und Lauda.
Eine »Jochen-Rindt-Stiftung« sollte ins Leben gerufen werden, aber bevor die genauen Statuten ausgetüftelt waren und man sich noch fragte, ob es sinnvoll wäre, die beiden Lotus 69 des Rindt-Formel-II-Teams samt Motoren und Transporter zu erwerben (Insider argwöhnten damals: Nina Rindt wolle bloß den ganzen Kram günstig loswerden), platzte das Vorhaben wie eine Seifenblase. Zwei der wichtigsten Säulen fielen um: Shell und die Erste österreichische Spar-Casse lehnten eine Beteiligung ab. Die benötigten 1,2 Millionen Schilling waren einfach nicht aufzutreiben.
Allerdings brauchte man der Rindt-Stiftung keine Träne nachzuweinen, denn jeder der drei Gipfelstürmer schaffte auch im Alleingang ein schönes Stück Weg. Überdies hätte das Team durch menschliche Spannungen von vornherein scheitern müssen. Nach spätestens drei Rennen hätten sich Rindts Erben mit Sicherheit zerstritten gehabt.
Im Dezember 1970 wurde das Nachfolge-Rindt-Spiel erstmals über Österreichs Grenzen verschleppt. Obwohl Helmut Marko seinen Vertrag mit dem Martini-Racing-Team für 1971 in der Tasche hatte und Quester wußte, daß BMW ihm einen lukrativen Fixstartplatz im Alpina-Tourenwagen-Team einräumte, waren beide außerdem bemüht, auch in der Formel II unter die Haube zu kommen, was auch Niki Lauda angestrengt versuchte.
Bei den Verhandlungen mit dem britischen March-Rennstall kreuzten sich erstmals die Wege von Quester und Lauda. Nicht nur dort: auch bei österreichischen Firmen, die man als Sponsoren ins Auge faßte, kam man sich in die Quere. Wenn Lauda ein Direktionszimmer betrat, hallten auf dem Gang noch Questers Schritte nach – oder umgekehrt.
Die Verhandlungen mit britischen Teams waren ein ständiges Auf und Ab, ein Feilschen um die Preisgeldbeteiligung, ein gegenseitiges Ausbremsen bei Sponsoren, ein Pingpongspiel zwischen London, Wien und Graz.
Die Briten brauchen solche ausländischen Geldanleihen für ihren Rennbetrieb, weil der Brotkorb in ihrem eigenen Land höher und höher gehängt wird. March stellte dann ultimative Forderungen, um die Sache – was Lauda betraf – endlich zu einem Ende zu bringen. Niki wurde ein Platz im Formel-II-Werksteam in Aussicht gestellt, für 8 000 Pfund, damals etwas weniger als eine halbe Million Schilling, was in der Vollgasbranche

als günstiges Angebot galt. Bis 31. Dezember 1970 mußte diese Summe auf das March-Konto überwiesen werden.
Da keine österreichische Institution bereit schien, die Formel-II-Ambitionen des Niki Lauda zu fördern, nahm sich dieser kurz entschlossen einen Dreijahreskredit in der Schweiz, den ihm die Erste österreichische Spar-Casse dann ablöste, womit sie zu Laudas Sponsor Nummer eins avancierte.
Helmut Markos Formel-II-Drang hatten ihn in das Cockpit eines Lola verschlagen. Dieter Quester wiederum fuhr einen March-BMW der Formel II, den der deutsche Wohnwagenhersteller Günther Hennerici sponserte. Hennerici ließ dem Motorsport pro Saison an die 1,7 Millionen DM zufließen.
Quester rächte sich an seinen Kritikern. 1971 wurde für ihn die erfolgreichste Rennsaison. Ein dritter Platz im Formel-II-Europapokal hinter Ronnie Peterson und Carlos Reutemann, dazu die Befriedigung aus gewonnenen Duellen mit Grand-Prix-Fahrern wie Graham Hill, François Cevert, Emerson Fittipaldi oder Henry Pescarolo, war Wasser auf Questers Mühlen.
Lauda fiel dagegen etwas ab. Er brachte es in der Europameisterschaft nur auf Platz zehn, doch waren es immer wieder lächerliche Defekte, die ihm wertvolle Punkte vermasselten. Quester und Marko mußten Lauda aber wohl oder übel bescheinigen: »Er fährt wirklich gut!« Niki agierte bereits ziemlich kaltschnäuzig: »Der Peterson kocht auch nur mit Wasser, und was den Quester betrifft, mit dem BMW-Triebwerk *muß* er ja schneller sein ...«
Die Fronten im Nachfolge-Rindt-Spiel verhärteten sich zusehends gegen Saisonmitte. Auf der Rennbahn war man sich nie so nahe gekommen (mit Ausnahme einer leichten Kollision Quester - Lauda in Schweden), daß man ein verstecktes Foul hätte anbringen können. Abseits der Piste wurden die Messer aber um so schärfer geschliffen, je näher der Große Preis von Österreich rückte.

Laudas Formel-I-Debüt

Helmut Markos überragender Erfolg in der Saison 1971 war der Sieg im 24-Stunden-Rennen von Le Mans. Sein Copilot war der Holländer van Lennep. Man fuhr einen Porsche 917 des Martini-Racing-Teams.
In Silverstone, beim britischen Grand Prix, begann Lauda seine Fäden um einen Formel-I-March zu spinnen, Quester und Marko hatten indes bei John Surtees angeklopft. Jeder spielte jeden aus: Quester den Marko,

Marko den Quester, Surtees-Teammanager Gavin Frew einen gegen den anderen. Questers Politik stützte sich auf die Annahme, daß sein Formel-II-Mäzen Hennerici im Großen Preis von Deutschland die Leihgebühr für den Formel-I-Surtees berappen werde. Marko ging es in erster Linie um einen Zeltweg-Start: die Steirer wollten den Steirer Marko unbedingt im Jahre nach Rindts Tod als Publikumsmagnet in einem Grand-Prix-Wagen sehen.

Mag sein, daß Questers Rechnung aufgegangen wäre, hätte Hennerici nicht gerade einen Privatkrieg gegen einen Funktionär des Automobilclubs von Deutschland geführt. Der Wohnwagen-»Scheich« blieb deswegen hart, ließ sich von Quester nicht erweichen, ja er wollte sogar, daß auch Rolf Stommelen (auch er wurde von Hennerici gefördert) dem Deutschen Grand Prix fernblieb, nur um den Automobilclub von Deutschland zu ärgern.

Obwohl Marko für den Österreichring bereits einen Vorvertrag mit Surtees besaß, dürfte es in erster Linie die Einsicht gewesen sein, daß der Surtees-Wagen die 3 000 Pfund Leihgebühr nicht wert sei, die Marko veranlaßte, insgeheim auf BRM zu setzen, wo durch den Tod von Pedro Rodriguez ein Wagen frei geworden war. Surtees fühlte sich von Quester gefoppt, der letztlich die Leihgebühr nicht aufbringen konnte, und so versuchte sich der Brite am Nürburgring wenigstens an Marko schadlos zu halten: »Sie können den Wagen nur dann in Österreich fahren, wenn Sie auch hier damit starten!«

Marko dachte gar nicht daran, er hatte längst auf BRM umdisponiert, auf einen Wagen, der ihm fürs gleiche Geld chancenreicher erschien.

Wie Marko dem John Surtees das alles schonend beibrachte, war eine diplomatische Meisterleistung. Diplomatie ist das, was Quester fehlt, sonst hätte er den Schwarzen Peter, der ihm am Nürburgring zugespielt wurde, elegant abwenden können. Als nämlich der Surtees-Rennwagen am Ring im Transporter verblieb, gab Surtees-Teammanager Gavin Frew der versammelten Presse ein Statement unter dem Titel: »Quester hat uns getäuscht!«

Questers Konterschlag blieb aus. Er saß in Wien, sein einziger Trost war die Tatsache, daß auch Marko nicht zum Einsatz kam. Daraufhin unternahm Surtees rechtliche Schritte gegen den Juristen Dr. Marko, der einen Vorvertrag gebrochen hatte. Der Rechtsstreit wogte auch im Jahre 1975 noch zwischen London und Graz hin und her.

Niki Laudas Beharrlichkeit zeitigte bei March Erfolg: Mit Unterstützung von der Ersten österreichischen Spar-Casse und von Levis-Jeans bewog er Max Mosley zur Herausgabe eines Werkswagens für den österreichischen Grand Prix. Leihgebühr: 2 000 Pfund. Eine Werbeagentur kratzte jene

3 000 Pfund zusammen, die Helmut Marko das BRM-Cockpit für den Österreichring und ein Formel-I-Rennen auf dem Salzburgring öffneten. Der Österreichring selbst, jene Institution, die von Markos Start am meisten profitierte, steuerte lächerliche 12 000 Schilling bei.

Als dann das Formel-I-Rennen auf dem Salzburgring abgesagt wurde, bot BRM Marko für sein Geld Ersatz an: den italienischen Grand Prix in Monza.

March war zu Lauda weniger kulant. Nikis erste Formel-I-Runden verliefen ganz planmäßig. Gerade als er sich steigern wollte, hauchte der Motor sein Leben aus. Lauda: »Ich drehte wie befohlen nur 9 000 Touren!« Ersatzmotoren waren keine vorhanden. Für das Abschlußtraining bekam er aber doch noch einen Motor. Als aber auch Ronnie Petersons Triebwerk den Geist aufgab, sagte man Lauda: »Für das Rennen mußt du deinen Motor an Ronnie abtreten.«

Lauda bekam für das Rennen »einen alten Schinken«. Aus der letzten Startreihe, neben Jackie Oliver stehend, nahm Niki den ersten Formel-I-Grand-Prix seines Lebens unter die Räder. Sonntag vormittag hatte March dem Niki keine Testrunden mehr erlaubt. »Die waren nur scharf darauf, daß ich mich im Rennen von der Startlinie wegbewege, sonst gibt es vom großen Sponsor STP kein Geld«, ätzte Lauda, als er nach 20 Runden mit Motorschaden aufgab. Für March war Nikis Formel-I-Debüt bares Geld, im Handstreich verdient. Ersatzansprüche konnte Lauda keine stellen. Während er öffentlich unterspielte: »Ich bin noch jung, ich habe Zeit«, war innerlich die Entscheidung längst gefallen: jetzt erst recht Formel I.

In Monza mußte sich Marko von BRM-Teammanager Parnell sagen lassen, er habe in Zeltweg – wo er einen weidwunden BRM immerhin auf Platz elf fahren konnte – den Motor überdreht. In Monza fiel Marko nach drei Runden mit Zündungsdefekt aus. Das Geld seiner Sponsoren schien vorderhand verpulvert. Für eine runde Million Schilling, wurde Marko von BRM-Chef Louis Stanley in Aussicht gestellt, könne er sich 1972 einen Platz im BRM-Werksteam erkaufen. Während für Marko – wenn auch erfolglos – mehrere Leute bestrebt waren, das nötige Geld aufzutreiben, operierte Niki Lauda im Alleingang.

Niki, der eher den Eindruck eines stillen, zurückhaltenden Beobachters machte, verwandelte sich sehr schnell in einen gefinkelten Habicht, der Questers Gerissenheit und Markos Diplomatie mit dem Ehrgeiz beider vereinte.

Die Millionenspekulation

Nur Lauda glaubt an Lauda

Niki Laudas Selbsteinschätzung grenzte an Jugendirrsinn. Er nahm einfach einen weiteren Kredit auf, um sich seine Formel-I-Tauglichkeit zu beweisen. Die Erste österreichische Spar-Casse wäre beinahe bereit gewesen, Lauda den Vorschuß von 2,4 Millionen Schilling zu stunden, der ihm für 1972 das Tor in das March-Formel-I-Team öffnen sollte. Aber Nikis besorgter Großvater machte seinen Einfluß im Sparkassenvorstand geltend und erreichte, daß der Kredit nicht bewilligt wurde. Daraufhin wandte sich Lauda, in Luftgeschäften bereits unerhört ausgekocht, an die Raiffeisenkasse. In Dr. Oertel, dem Werbechef, fand er einen Verbündeten.
Dr. Oertel fand Gefallen an dem »von seinen Ideen so besessenen Jungen«. Lauda riß der Raiffeisenkasse einen zinsenfreien Dreijahreskredit heraus, den er aus Start- und Preisgeldern zurückzahlen wollte. Laudas Unfallversicherung auf 1,3 Millionen Schilling und sein Erbteil – eine Villa – wurden bei dem Bankunternehmen verpfändet. Seinem Optimismus konnte auch die Tatsache keinen Abbruch tun, daß sich sein Vertrag mit March nur auf ein Jahr erstreckte. Lauda spekulierte mit höchstem Einsatz in einem höchst unsicheren Sport.
Nur einer glaubte felsenfest an Lauda: Niki Lauda selbst. Niki heute: »Ich weiß, damals haben mich alle für teppert ang'schaut.« Es war allgemein bekannt, daß britische Rennställe ihre Leihwagenpiloten bis zum letzten Cent ausbluten, ohne eine äquivalente Gegenleistung zu bieten. Daß damals niemand an Niki glaubte, »hat ihn doch sehr deprimiert«, erinnert sich heute noch seine Mariella. Es war einfach seine »Kopf-durch-die-Wand«-Politik, die den Kritikern Wind in die Segel blies, und überdies hatte Niki zu wenige handfeste Beweise geliefert, daß er für die höchste Spielklasse des Autorennsports schon reif war. Bei allem Talent: Wie gut er wirklich war, wußte nur er selbst. Und er muß sich damals allerhand zugetraut haben. In der Formel III war er sicher kein Komet gewesen. Auch in der Formel II hatte er niemandem einen Begeisterungsschauer über den Rücken gejagt. Er kündigte sich weder als neuer Rindt noch als ein Fittipaldi an, er entpuppte sich auch nicht als Tom Pryce. Unter den Skeptikern, die ihm von der Formel-I-Transaktion abrieten, war sogar

Kurt Bergmann, dessen Formel-V-Rennwagen Niki bravourös chauffiert hatte: »Die nehmen deine Marie«, meinte Bergmann in seiner urwüchsigen Art, »und am End' der Saison lassen s' dich fallen!«
Bergmanns Orakel stimmte: Ende 1972 ließ March den Niki Lauda tatsächlich fallen.
Im Nachfolge-Rindt-Spiel hatten sich die pikanten Szenen erschöpft, zumal Quester keine tragende Rolle mehr spielte. Er war einfach nie bereit gewesen, für den Weg nach oben alle Brücken hinter sich abzubrechen und die dazugehörige Geißelung in Kauf zu nehmen. Marko und Lauda fanden sich allein. Marko stieß als Gastarbeiter in das BRM-Team. Louis Stanley erwartete sich von dem Grazer eine runde Million Schilling. Er hat sie aber nie gekriegt. Entsprechend wurde Marko bedient: er bekam nur die »alten Gurken« zum Fahren.
Der Einstand im ersten Formel-I-Grand-Prix der Saison 1972 in Buenos Aires war gar nicht schlecht. Marko wurde Zehnter, Lauda Elfter.
Der Kurier machte sich in seiner Faschingsnummer über Österreichs Grand-Prix-Tandem sogar lustig. Es hieß dort: »Gute Chancen für Lauda und Marko. Ein Antrag des tollkühnen schwedischen Rennfahrers Joakim Bonnier, eine allgemeine Geschwindigkeitsbegrenzung bei Formel-I-Rennen einzuführen, dürfte von der Grand Prix Driver Association positiv behandelt werden. Lauda zum Kurier: ›In Buenos Aires habe ich erstmals probiert, mich an eine 10-km/h-Begrenzung zu halten.‹ Weltmeister Jackie Stewart: ›Eine solche Bestimmung begünstigt einige wenige geniale Fahrer wie Lauda und Marko. Für mich ist der Traum von der Weltmeisterschaft aus.‹«
Als Niki im Grand Prix von Südafrika Siebenter wurde, das ganze Rennen hindurch am Heck von Graham Hill klebte (»Der Lauda muß mir für diese Lektion was zahlen«, so Hill), von den Ausfällen zwar profitierte, aber immerhin so schnell fuhr, daß er vom Sieger Hulme erst zwölf Runden vor Schluß überrundet wurde, nach diesem Prestigeerfolg also sah die Formel-I-Zukunft für den Wiener gleich viel rosiger aus.
Die Erfolge zu Saisonbeginn in der Formel II waren sehr ermutigend: ein dritter Platz in Thruxton und ein zweiter in Mallory Park brachten ihm die Führung in der Formel-II-Europameisterschaft, ein Sieg in Oulton Park über Gerry Birell und Tim Schenken war endlich einmal was Handfestes. Nikis Sponsoren frohlockten, die Kritiker wurden erstmals nachdenklich.
Zum Zeitpunkt des spanischen Grand Prix freute sich Niki: »Bis jetzt habe ich schon 350 000 Schilling vom Kredit zurückgezahlt.« Pro Jahr mußte er eine halbe Million Schilling an die Raiffeisenkasse überweisen. Dieses Geld erst einmal zu verdienen, das war wie eine Faust im Nacken.

Was in den folgenden Wochen auf ihn zukam, war entmutigend, entnervend, geradezu grausam. Er mußte sich vorkommen wie ein Bergsteiger, dem in einer senkrechten Wand alle Haken für den weiteren Aufstieg entglitten waren. March räumte Ronnie Peterson natürlich alle Vorrechte des Nummer-eins-Fahrers ein. Lauda war bloß der Leihwagenchauffeur, der einfach mit den langsameren Reifen und den müderen Motoren abgespeist wurde.

Für die verpfuschte erste Hälfte der Saison 1972 war entscheidend, daß March-Konstrukteur Robin Herd mit dem 721 X eine Mißgeburt von einem Formel-I-Wagen in die Welt setzte, die als solche aber erst nach drei Grand Prix identifiziert wurde. Peterson war daran nicht unschuldig, weil Ronnie, dieser unerhörte Grenzgänger, auch mit einem schlechtliegenden Auto schnell fährt. Er quetscht eben die Zeit aus sich heraus und nicht aus dem Wagen. Petersons optimistische Aussagen animierten Robin Herd, die Mißgeburt weiter zu entwickeln.

Lauda lernte ständig. Schließlich war er es, der diese Fehlentwicklung aufzeigte.

Als Niki in Belgien Mike Beutlers Formel-I-Zwitter probierte — March-Formel-II-Chassis mit vergrößerten Tanks und 3-Liter-Cosworth-Motor —, war er von dieser Kombination so angetan, daß er, Ronnie mit sich reißend, zum erstenmal auf die Barrikaden stieg: »Wir fahren den 721 X nicht mehr«, ließ Niki Robin Herd wissen, und Peterson nickte nur dazu. Man wünschte sich eine Kopie des Beutler-Wagens. Für den französischen Grand Prix war sie fertig.

Niki zeigte in dieser trostlosen Zeit erstmals jene Zivilcourage, Hartnäckigkeit und Cleverness, die ihm später helfen sollte, alle Hürden zu meistern. Für die breite Masse war er immer noch nicht der Rindt-Nachfolger. Was er in Interviews über seine Kreuzwegstationen zu sagen hatte, leuchtete den Leuten kaum ein: Übersteuerungsprobleme; Untersteuerungstendenzen; hier war der Wagen unfahrbar, dort fehlten die weichen Reifen. Was Lauda von sich gab, waren ehrliche Kommentare. Sie wurden aber als Ausreden interpretiert.

Helmut Marko baute sich ein strahlenderes Image auf. Schon von der Statur her spielte er die Rennfahrerrolle glaubwürdiger als Lauda. Marko ist groß, blond, ein athletischer Typ. Der mittelgroße Niki sah damals eher wie ein bleichgesichtiger Student aus, dem man beim Fußballspielen zwei linke Füße zutraut. Marko verkaufte sich als jene Mischung aus schlaksigem Jochen Rindt, steirischer Unbekümmertheit und Wiener Schmäh, die beim

Volk große Sympathien entfesselt. Marko war auf der Piste durchwegs schneller als Lauda, der BRM aber durchwegs besser als der March.
In Clermont-Ferrand beendete Helmut Marko auf tragische Weise seine Karriere. Ein von Ronnie Peterson aufgewirbelter Stein zerschlug Markos Vollvisierhelm und raubte seinem linken Auge die Sehkraft – bis heute. Ausgerechnet in jenem Rennen, in dem Marko seine Formel-I-Durststrecke beenden wollte – er war aus der dritten Startreihe ins Rennen gegangen –, fiel also für ihn auf der Formel-I-Bühne der letzte Vorhang.
Aber erst im Großen Preis von England, auf der Berg-und-Tal-Bahn von Brands Hatch, atmete Niki Lauda Höhenluft. Dieses Rennen war eine Materialschlacht. Wer zählt die Wracks, die den Kurs säumten, addiert die Pfunde, die an diesem Nachmittag verpulvert wurden? Bereits in der Startrunde krachte es, und Niki saß erste Reihe Mitte, als Chris Amons Matra und Mike Beutlers March in einer Rechtskurve kollidierten.
Amons Matra stieg in die Luft, Niki verriß seinen March, Amon landete im Gras, und Niki mußte einen Umweg fahren. Deshalb lag er von Beginn an weit hinten und mußte sich mit dem Deutschen Rolf Stommelen aus der letzten Startreihe duellieren.
»Ich war an den meisten Punkten schneller«, sagte Lauda, »doch Rolf ließ mich nicht vorbei. Ich dachte mir schon, den wirst du nur mit Gewalt los . . .«
Laudas March war noch zu neu, zu unausgegoren. »Mit jeder Runde wurde mir bewußt, wie weit die Stoßdämpfer und Federn vom Optimum entfernt waren. Der Wagen lag immer unruhiger, die holprige Zielgerade wurde zu einem Problem, denn ich traute mich dort gar nicht mehr Vollgas zu fahren«, erzählte Lauda, der sich über den neunten Platz freute. »Andererseits«, fügte er hinzu, »ist dieser neunte Platz mit dem zehnfachen Risiko, das ein Fittipaldi eingeht, erkauft. Man fährt und fährt wie ein Idiot und ist trotzdem nur Neunter.« Immerhin: Der neue March 721 G war keine Mißgeburt mehr wie sein Vorgänger.
An zwei Ereignisse wird Niki Lauda noch bis ins hohe Alter denken:
Testfahrten mit dem Formel-II-March in Goodwood: Niki spult sein Programm ab, dazwischen steht er an der Box. Wieder einmal kommt er im fünften Gang voll auf jene Kurve zu, in der Stirling Moss seine Karriere beendet hat. Auf einmal bricht der March ohne Vorwarnung aus und beginnt sich zu drehen – bei über 200 km/h. »Nach zirka zweitausend Jahren«, so Lauda über die Ewigkeit, die verging, bis der March mit dem Heck voran eine Böschung hinaufrodelte, kam er zum Stillstand. Die Monteure klärten den kleinen Vorfall schnell auf: Die neue Frontschnauze hatte dem Wagen vorn zuviel, hinten zuwenig Bodendruck beschert. An Hand

solcher drastischen Beispiele lernte Lauda, mit aerodynamischen Hilfen wie Heckflügel und Spoiler umzugehen. Bei March hatte er einen Mann, der ihn in die Geheimnisse der Abstimmungstechnik einweihte: Harvey Postlethwaith, der später den Formel-I-Rennwagen für Alexander Hesketh konstruieren wird.
Der zweite Alptraum war der Ausritt in Vallelunga (Italien) mit dem Formel-I-March. Niki fuhr drei Runden, in der vierten platzte der linke Vorderreifen. Tempo: zirka 240 km/h. Der March schlug gegen die Leitschiene, radierte sich das linke Rad weg, bekam auf einem Randstein Auftrieb, schlug bei der Landung seitlich auf, drohte sich zu überschlagen, disponierte aber um, riß sich noch den unteren Tank auf, bevor er sich als Totalschaden ausgetobt hatte.
Niki spazierte davon. Die Feuerwehr kam erst nach fünf Minuten, die Rettung fuhr an ihm vorüber, fand beim Wrack keinen Fahrer und erspähte den Fußgänger erst auf der Rückfahrt. Lauda beteuerte, er wäre unverletzt, was die drei »Rettungs«-Männer nicht wahrhaben wollten. Gewaltsam zerrte man ihn auf die Tragbahre.
Wenn er auch in diesem Jahr die begehrte John-Players-Formel-II-Trophy gewinnen konnte, schien die Millionentransaktion zu March, was die Formel I betraf, eine Fehlspekulation gewesen zu sein.
»Ich bin überzeugt«, resümiert Lauda heute, »daß bis zu einem gewissen Grad sicher auch ich daran schuld war, wenn ich im March-Jahr so viel Pech hatte. Ich bin nämlich der Meinung, es gibt kein Glück und Pech. Du kannst zweimal Glück und zweimal Pech haben. Oder dreimal Glück und dreimal Pech. Aber wenn du wie Chris Amon eine Pechsträhne hast, die schon hundert Jahre dauert, dann bist du selbst schuld.«
March hätte Niki Lauda für 1973 vielleicht auch ohne Geld genommen, weil sich der Wiener per Saldo als »diszipliniert und talentiert« (Max Mosley) erwiesen hatte. Und was March an Niki am meisten schätzte: er war zu einem äußerst tüchtigen Testfahrer herangewachsen, der durch seine präzisen Aussagen sehr viel zur Weiterentwicklung eines Wagens beitragen kann.

Sein größter Coup

Über zwei Millionen Schilling Schulden, aber keinen Formel-I-Vertrag: Ende 1972 sah sich Niki Lauda in einer tristen Situation. Er wußte: Wenn ich jetzt aus der Formel I rausfliege, war nicht nur alles bisher investierte Geld nutzlos, ich komm' auch nie wieder rein.
March war für Niki undiskutabel.

An der Fahrerbörse war er eine Aktie ohne Kurswert. Um weiterzukommen, so war er sich im klaren, mußte er es mindestens bei BRM probieren. Der alte Louis Stanley, Alleinherrscher im BRM-Rennstall, säuselte überall: »Mit Clay Regazzoni werden wir 1973 Weltmeister.« Bei BRM witterte Lauda eine Chance, seine letzte vielleicht. Und so setzte er alles auf eine Karte. Seine Landung bei BRM war sein größter Coup.
Stanley war auf eine siebenstellige Mitgift erpicht. Aber Niki hatte bereits alles Geld in den Spielautomaten March geworfen. Er war pleite. Eines Tages läutete bei Raiffeisen-Werbechef Dr. Oertel das Telefon. Niki faßte sich kurz: »Stanley kommt eigens nach Wien, um mit mir einen Vertrag zu machen. Wir treffen uns auf dem Flughafen Schwechat. Als mein Sponsor mußt du dabeisein.« Dr. Oertel schluckte: Er könne für Niki keinen Groschen mehr flüssigmachen. »Ich weiß, ich weiß«, warf Niki ein, »du mußt aber trotzdem kommen.«
Stanley kam nach Wien, und man traf sich in Schwechat. Der Brite hatte den Vertrag gleich mitgebracht. Mit Hilfe einer AUA-Hostess, die perfekt Englisch sprach, wurde Zeile für Zeile übersetzt.
Lauda hielt nach Fußangeln Ausschau. Um die Zahlungsbedingungen begann er mit Stanley zu feilschen. Laudas Taktik: Er wollte die Zahlung der Mitgift möglichst lange hinausschieben. Stanley gab sich jovial und willigte ein. Neben Niki Lauda saß doch der »big sponsor«, der Vertreter einer Bank.
Lauda 1974 in einem Interview zur Wiener »Auto-Revue«: »Ich hätte mir aus irgendeinem Grund den Haxn brechen können, wegen irgendeiner Blödheit, vor der Mitte meines BRM-Jahres, vor Monte Carlo . . . und wäre vielleicht nie einen Ferrari gefahren. Aber das Risiko hab' ich auf mich genommen. Der Rest, finde ich, war kein Risiko, weil ich mir's vorher genau überlegt hab'.«
Lauda hatte einen vorgefaßten Plan. Er sagte sich: Entweder treib' ich für BRM noch einen Sponsor auf, oder ich setze mich derartig in Szene, daß der Alte von mir hingerissen ist und auf die Mitgift verzichtet.
In Argentinien und Brasilien, den beiden ersten Grand Prix des Jahres 1973, konnte sich Niki Lauda noch nicht in Szene setzen. Er »gurkte« — wie es im Fachjargon heißt — in den hinteren Startreihen herum. In Buenos Aires schied er mit Motorschaden aus, in Interlagos bei São Paulo wurde er immerhin schon Achter.
Erst am 3. März 1973 erregte er im Grand Prix von Südafrika Aufsehen. Er fuhr auf der Kyalami-Strecke seinen sechzehnten Formel-I-Grand-Prix. Was zwischen dem Großen Preis von Österreich 1971 und dem Südafrika-Grand-Prix 1973 in seinem Rückspiegel lag, war mehr oder weniger ein

Spießrutenlauf. Sein ständiges Bangen um stärkere Motoren und um bessere Reifen wurde nur durch die Hoffnung auf ein besseres nächstes Rennen erträglich. Lauda hatte bis dato noch keinen Rennwagen aus eigener Schuld zerlegt. Er fuhr immer sehr sauber, vielleicht zu sauber, zu vernünftig, wahrscheinlich zu berechnend, um die letzten Schritte in die Unvernunft zu tun. »Der March«, sagte er, »war 1972 ein Schlußlichtauto, der BRM aber ist für mich ein gutes Mittelfeldauto.«

Auf der Kyalami-Strecke sah man Lauda ordentlich reinhauen. Zehntschnellste Zeit im Training, im Rennen Vorstoß bis auf Platz sechs, hinter ihm lagen Leute wie Reutemann, Merzario, Pace und Wilson Fittipaldi – Lauda wuchsen allmählich die Flügel. »Endlich hatte ich ein optimales Auto«, jubelte er. Erst ein Motorschaden entwand ihm den möglichen vierten Platz. Gäbe es Grand Prix, in deren Ausschreibung stünde: »Sieger ist derjenige, der die größte Beharrlichkeit, den eisernsten Glauben an sich selbst und den größten Optimismus trotz ständiger Rückschläge an den Tag legt«, Niki Lauda hätte zu diesem Zeitpunkt 16 Grand-Prix-Siege auf seinem Konto gehabt. Schon 1972 wäre er bei March Weltmeister geworden.

Das Frühjahr 1973 hob Laudas Prestige gewaltig. Im »Race of Champions« fuhr er einen Rundenrekord – schied aber aus. Bei der Daily Express Trophy in Silverstone wurde er Fünfter – Jackie Stewart gewann. Beide Rennen zählten aber nicht zur WM. In Monza stand er nach dem Vierstundenrennen für Tourenwagen unter dem Lorbeerkranz: als Außenseiter hatte er zusammen mit dem Briten Brian Muir, der Nikis Vater sein könnte, einen BMW-Alpina zum Sieg geführt, nachdem sich die Werkswagen von BMW und Ford zu Tode gehetzt hatten.

In Niki reifte ein weiterer Plan heran: Er wollte im hartumkämpften Tourenwagen-Metier, wo Piloten wie Stewart, Fittipaldi, Mass, Scheckter, Stuck, Quester und Hezemans den Ton angaben, der Schnellste sein. Der Hintergedanke: Im Jahr darauf würde er einen lukrativen Werksvertrag bei Ford oder BMW kriegen.

Wenn Lauda sich was in den Kopf setzt, so wird es auch planmäßig durchgezogen.

Dann kam Barcelona, und Niki fuhr sein bis dato größtes Rennen. Als Emerson Fittipaldi als Sieger auf der Montjuich-Park-Rennstrecke die Linie kreuzte, hörte ich Niki seufzen: »Mein Gott, einmal möchte ich auch Glück haben, ein ganz klein wenig Glück von Fittipaldi!«

Fittipaldi war dieser Sieg in den Schoß gefallen. Lauda schoß anfangs ein Brillantfeuerwerk ab. Man fragte sich: Ist das noch der gleiche Lauda, der ein Jahr vorher am Ende des Feldes daherfuhr?

»Ich fuhr in einem Pulk«, resümierte Niki nach dem Rennen, als er bereits Zuschauer war, »in dem ich gezwungen wurde, schneller zu fahren, als ich ursprünglich wollte.« Er wehrte sich gegen Beltoise, überholte den Franzosen später in den schnellen Bergaufkurven, er kämpfte danach Seite an Seite mit dem Can-Am-Sieger George Follmer und hatte sogar den roten Ferrari von Jacky Ickx schon im Rückspiegel. Nach zwölf Runden war Lauda Achter, Regazzoni hatte bereits zwei Reifen gewechselt, und bei BRM legte man für Lauda ebenfalls neue Reifen bereit.
In der 14. Runde trat dann ein, was Lauda insgeheim befürchtet hatte und was durch die Anfangshatz noch beschleunigt worden war: seine Reifen hatten ihren Gummi längst auf der Straße vergeudet; wie Butter waren sie zerschmolzen.
Vier neue Reifen für Lauda: Aber der Zentralverschluß eines Vorderrades hatte sich festgefressen, und es dauerte drei Minuten, bis schweißüberströmte Monteure das Rad losgehämmert hatten. Peterson führte bereits 10 Sekunden vor Stewart, Fittipaldi, Revson und Reutemann, als Niki endgültig Schluß machte. »Der BRM ist einfach unfahrbar geworden. Er schiebt in den Kurven geradeaus weiter.«
»Alles okay«, rügte der dickbäuchige BRM-Rennleiter Tim Parnell, »aber warum fährt Beltoise immer noch mit den gleichen Reifen?« Niki zuckte vergrämt die Achsel. Peterson, der dieses Rennen einsam beherrschte, fuhr hart, mag sein, zu brutal. Er verschaltete sich ein paarmal. Er hätte den Lotus auf Händen tragen können, denn Stewart bekam Ärger mit den Bremsen.
49. Runde: Stewart steigt aus, zwei Lotus in Front.
57. Runde: Peterson stoppt mit Getriebeschaden. Fittipaldi, der im Training mit Ronnies Rekordzeit nicht Schritt halten konnte, lag vorne und sah sich plötzlich von dem Argentinier Reutemann auf Brabham bedrängt.
66. Runde: Reutemanns Bremsen verglühen, seine Reifen sind in Fetzen. Aus. Françoise Cevert wurde trotz eines Boxenstops (Reifen) noch Zweiter.
»Eigentlich«, sagte Niki, »hätte *ich* Zweiter werden können.«
Wochen später rafft Niki Lauda in Belgien die ersten WM-Punkte seines Lebens zusammen.
Dieser belgische Grand Prix von Zolder war Jackie Stewarts 24. Grand-Prix-Sieg. Es war jener traurige 20. Mai 1973, an dem in Monza die Motorradstars Jarno Saarinen und Renzo Pasolini tödlich verunglückten. Als Stewart seinen Lorbeerkranz abnimmt, flüstert man ihm die Hiobsbotschaft ins Ohr.
Genaugenommen war dieses Rennen in Zolder eine Rallye: in gewissen

Kurven lag Sand, und jede Runde wurde eine neue Sonderprüfung. Eine Rechtskurve, 180 km/ schnell, wurde der Schrottplatz aller Hoffnungen: Jackie Oliver, Mike Hailwood, Peter Revson, Howden Ganley und Ronnie Peterson strandeten im Drahtzaun.
Eine ähnliche Situation hatte sich schon im Freitagtraining ergeben; deshalb hatten die Fahrer in Zolder gar nicht starten wollen, weil die 470 PS starken Formel-I-Boliden entweder den neuen Asphaltbelag zerbröselten oder Sand in die Kurven baggerten. Sogar der anfangs führende Cevert drehte sich beinahe und kam in Schwierigkeiten.
Nur Stewart und Fittipaldi standen über den Dingen, und Niki Lauda rühmte sich: »Auch ich hab' mich nirgends verschätzt. Regazzoni zum Beispiel hat sich vor mir immer wieder verbremst oder gedreht. Ich war bemüht, keinen Fingerbreit von meiner Linie abzuweichen und den Wagen ja nicht zu überbremsen.«
Nach 62 Runden lag Lauda hinter Stewart, Cevert, Fittipaldi mit 67 Sekunden Rückstand auf Platz vier — noch nicht einmal überrundet.
Zwei Runden vor Schluß bremst sich Lauda überraschend an der Box ein, seine Gesten sind eindeutig: Sprit!
Es waren Sekunden der Ohnmacht. Der vierte Platz lief ihm davon. Es muß wie ein Traum gewesen sein: man wird verfolgt, rennt ums Leben, kommt aber nicht von der Stelle.
Die Monteure schraubten einen Trichter in den Tank und gossen eine Kanne Sprit hinein. Der Hals des Trichters war eng wie der einer Bierflasche. Genausogut hätte man dem Rennwagen mit einem Teelöffel Sprit einflößen können.
Niki verdrehte die Augen, als wollte er sagen: »Der Blitz soll euch alle treffen! Im übrigen, gute Nacht und habt mich gern!«
Er wurde doch noch Fünfter und kassierte zwei WM-Punkte. Das Sensationelle an Niki war sein Leistungsstandard innerhalb des BRM-Teams. Wer hätte je gedacht, daß sich der Wiener mit einem Clay Regazzoni und einem Jean Pierre Beltoise messen konnte? Weder der Schweizer noch der Franzose konnte mit Niki Katz und Maus spielen. Man bedenke: Regazzoni, der bereits 1970 in Monza seinen ersten Grand Prix gewonnen hat, dieser Lenkradvirtuose aus dem Tessin, den BRM für gute 60 000 Pfund einkaufte, wurde vom Leihwagenfahrer Lauda in die Schranken gewiesen.
Im BRM-Team war wenigstens Ruhe eingekehrt. Statt fünf Wagen, wie in der Saison 1972, wurden nur drei eingesetzt. »Das chaotische letzte Jahr«, erkannte Lauda, »fällt uns leider auch heuer noch auf den Kopf. Die Motorenentwicklung ist steckengeblieben.« BRM-Triebwerke waren der Ford-Cosworth-Konkurrenz in puncto Leistung und Standfestigkeit

weiterhin unterlegen. An der Marotte, mit einem eigenen Motor gegen die Ford-Konkurrenz anzutreten, wird Louis Stanley immer wieder scheitern: ein Kapitän, der samt seinem Schiff versinkt.

Die Benzinpanne von Zolder war natürlich höchst ärgerlich. »Dabei«, flüsterte ein Monteur, »haben wir dem Niki vor dem Start zwei Gallonen mehr in den Tank gefüllt, als unser Rennleiter Tim Parnell befohlen hat.«

Ein Teil der Erfolglosigkeit geht zweifellos auf das Konto von Teammanager Tim Parnell, der die Zügel immer schleifen läßt, nie straff anzieht, der apathisch und desinteressiert herumschleicht. Ein messerscharf denkender Teamchef, zum Beispiel ein Peter Warr von Lotus, von einem Ken Tyrrell gar nicht zu reden, hätte aus dem BRM-Potential allein durch eine straffere Organisation eine halbe Sekunde für jeden Wagen herausschinden können.

Die Stunde der Wahrheit

Grand Prix von Monaco. Freitag früh, zweites Training. Louis Stanley, oberster BRM-Boß, schwebt gern in höheren Sphären. Als Niki Lauda hinter Stewart (1 : 27,5), Peterson (1 : 27,7), Hulme (1 : 27,8), Fittipaldi (1 : 28,1) und Cevert (1 : 28,3) explosionsartig 1 : 28,7 auf die Bahn zauberte, meinte Stanley in seiner patriarchalischen Art: »Niki kann Sonntag gewinnen.«

So unrecht hatte Mr. Stanley wirklich nicht. In Monaco ist alles möglich. Kein Mensch räumte Jochen Rindt im Jahre 1970 Chancen ein, in der letzten Runde aber entschied er das Rennen zu seinen Gunsten. Vom achten Startplatz aus war Rindt durch das Feld gegangen wie ein heißes Messer durch die Butter.

Die steinerne Bratpfanne von Monaco hatte sich gerade aufgeheizt, und das Meer war von jenem kitschigen Blau, wie es auf Ansichtskarten versprüht wird, als sich Niki in der Startaufstellung so weit nach vorn katapultierte. Clay Regazzonis Groll schlug sich im Fahrstil nieder. Donnerstag nacht hatte Louis Stanley seine Piloten im Hotel de Paris zu Tisch gebeten, und Regazzoni erkühnte sich zu dem Ausspruch: »Unsere Motoren sind Scheiße.« Stanley erhob sich etwas indigniert, er ging zum Telefon und riß seinen besten Motorentechniker aus dem Schlaf. Wunder konnte der, zwei Tage vor dem Rennen, auch keine mehr wirken.

Lauda fuhr nicht so weich wie Stewart um den Stadtrundkurs, aber auch nicht so aggressiv wie Regazzoni. Er wuchtete den BRM auch nicht so eckig wie Beltoise um die Kurven. Das fahrerische Hoch von Niki spiegelte sich dennoch sehr deutlich im Fahrstil wider. »Seht her, ich kann driften, in jedem Gang, in jeder Kurve, und bis zu den Leitschienen bleiben immer noch fünf Zentimeter Spielraum« – unter diesem Motto zauberte er im Abschlußtraining jene 1 : 28,5 auf die Bahn, die ihm einen Logenplatz in der dritten Startreihe neben Emerson Fittipaldis Lotus bescherten. In der zweiten Reihe standen Hulme (McLaren) und Cevert (Tyrrell). Stewart (Tyrrell) hatte sich mit 1 : 27,5 die Pole-Position unter den Nagel gerissen. Peterson (Lotus) stand mit 1 : 27,7 neben ihm. Lauda fehlte auf Stewart nur eine einzige Sekunde – das war eine Meisterleistung.

Vom ewigen Treten auf der Stelle vergrämt, gelangen Regazzoni noch 1 : 28,9, Beltoise aber blieb wegen einer gebrochenen Antriebswelle auf 1 : 29,0 sitzen. Niki war wieder schnellster Mann im BRM-Team.

Erneut war ihm im Training der Sprit ausgegangen. Wieviel Benzin in seinem Tank war? Niemand bei BRM wußte es. Wie viele Runden er trainiert hatte? Niemand bei BRM führte darüber Buch.

Vor dem Start des Monaco-Grand-Prix riet Schiheld Karl Schranz dem Niki: »Du mußt dir ständig vorsagen: Ich gewinne, ich gewinne, ich muß gewinnen.«

Niki winkte ab: »Karl, wach auf, diese Methode mag bei dir funktionieren, bei mir aber nicht. Gegen die Tyrrells oder einen Peterson habe ich keine Chance. Versuchte ich so schnell wie Stewart oder Peterson zu fahren, würde ich nur den Wagen aufs Spiel setzen. Die fahren doch ihre Superzeiten ohne Krampf. Ich aber müßte auf den Gehsteigen herumturnen und die Leitplanken abmontieren.«

Niki war in Hochstimmung. BRM-Rennleiter Parnell versuchte ihn einzubremsen: »Du hast noch viele Jahre Zeit!«

»Ach was«, konterte Niki, »heute liegt die große Chance drinnen.« Er war gespannt wie eine Klaviersaite. Während Regazzoni vor dem Start lethargisch herumsaß, lief Niki andauernd um den Wagen, vergatterte seine Mechaniker, kontrollierte den Benzinstand und machte ein winziges Ölleck am Motor ausfindig. Am Start schoß aber Regazzoni an Niki vorbei. »Meine Räder drehten zuviel durch«, gab er zu, »ich sah Clay von hinten kommen und machte ihm Platz!«

In der sechsten Runde kam der rauhbeinige Tessiner, vor Lauda liegend, in der Schikane in Bremsschwierigkeiten. Als sich noch dazu auch Peterson verbremste, war Niki Dritter.

»Ich hatte alles unter Kontrolle«, schilderte er. »Als Ickx in meinem Rückspiegel größer wurde, legte ich zu.«

In Modena – das konnte Niki Lauda nicht wissen – saß Commendatore

Enzo Ferrari vor dem Fernsehschirm. Wie Lauda seinem Starpiloten Jacky Ickx den Auspuff zeigte, machte auf Enzo Ferrari einen großen Eindruck. »Diesen Lauda, den sollten wir haben«, begeisterte sich der greise Automobil-Papst. Er hatte sein erfolgloses Ein-Mann-Team, bestehend aus Jacky Ickx, langsam satt.

Auf Platz drei liegend, 12 Sekunden hinter dem Zweiten, Fittipaldi, mußte Lauda mit einem Defekt im Differential aufgeben. Für ihn war Monaco aber die Stunde der Wahrheit gewesen. »Man kann sich nicht immer auf das Auto ausreden. Irgendeinmal hat man ein halbwegs funktionierendes Vehikel, dann heißt es die Stunde nützen. Da muß man alles riskieren. Man darf sich nichts vorgaukeln. Man muß ums Leben fahren«, gab Lauda zu verstehen. Monaco 1973 war für ihn der große Wendepunkt seiner Karriere.

Während er als Zuschauer an der Box stand, spitzte sich zwischen Fittipaldi und Stewart ein elektrisierender Endkampf zu. Fittipaldi holte pro Runde eine Sekunde gegen den führenden Stewart auf. Ein 12-Sekunden-Vorsprung wurde auf 3 Sekunden zusammengestaucht.

Im schummerigen Licht der Arkaden liegt Fittipaldi auf gleicher Höhe mit Stewart. Fittipaldi hebt seine Hand, so drohend, wie er sie immer dann aus dem Cockpit streckt, wenn er sich von einem Vordermann aufgehalten fühlt. Stewart reißt einen Handschuh von den Fingern, geradeso, als wolle er einen Fehdehandschuh zu Fittipaldi hinüberwerfen. In diesem Augenblick kollidieren beide Rennwagen, der Lotus schleudert linker Hand gegen die Leitschienen. So ähnlich könnte man diesen Vorfall schildern, wäre er im Rennen und nicht in der Auslaufrunde geschehen.

Die Wirklichkeit sah ganz harmlos aus. Fittipaldi wollte, bereits im zweiten Gang dahinrollend, Stewart zum 25. Grand-Prix-Sieg gratulieren. Als der Brasilianer winkte, entledigte sich der Schotte gerade seiner Handschuhe. Stewart mimte Bedauern: »Das tut mir leid, es war mein Fehler, ich war noch ganz in das Rennen vertieft.«

Emerson nahm es nicht krumm, ein wenig Sarkasmus aber konnte er sich nicht verkneifen: »Jetzt hat Jackie seine 25 Siege, er ist alt genug und sollte endlich ans Aufhören denken!«

Als Niki nach dem Grand Prix ins Hotel kam, sagte ihm Mariella, Louis Stanley habe angerufen, Niki möge eine halbe Stunde vor Beginn des nächtlichen Galadiners zu ihm kommen. Erzählt Niki: »Ich mußte etliche Interviews geben, und obendrein war noch dichter Verkehr, ich hab' mich deshalb verspätet. Mit dunklem Anzug und dunkelroter Krawatte klopfte ich dann beim Stanley an. ›Big‹ Louis empfing mich im Smoking recht jovial. Er legte mir einen handgeschriebenen Vertrag vor, den ich gleich unterschreiben sollte. Es war darin von einem Dreijahrespakt die Rede, von einer schönen Summe Geld und von wenig Freiheit. So gefiel mir die Sache nicht ganz. Ich erbat mir Bedenkzeit. Schon während des Galaabends schien die Zeit gekommen. Parnell, Stanley und ich setzten uns abseits an einen Tisch. Eine Unterhaltung mit Stanley ist nicht einfach, denn er spricht sehr, sehr leise. Wir verhandelten bis drei Uhr früh. Dann schien die Sache in Ordnung. Ich bekam mehr Geld — wir vereinbarten Monatsraten, Stanley versprach, 1974 nur ein Zwei-Wagen-Team einzusetzen. Mein Vertrag wurde bis Ende 1974 befristet, für 1975 sicherte sich BRM eine Option auf mich. Nach einem Shakehands umarmte mich sogar Miß Stanley höchstpersönlich. Und Sir Stanley posaunte lauter als sonst: ›*Next year you are number one.*‹«

Next year aber fuhr Niki Lauda bereits für Ferrari . . .

Irgendwie war es merkwürdig: In Monaco, wo einst Jochen Rindt seine Siegesserie begonnen hatte, pflanzte auch Niki Lauda den Meilenstein seiner Karriere. Auf Grund seiner großartigen Leistungen im Monaco-Grand-Prix entließ ihn Louis Stanley aus der Sklaverei seines Leihwagen-Abkommens. Für Niki war es der erste echte Formel-I-Vertrag, der ihm Geld brachte. Die im Winter 1972 vereinbarte Mitgift stand nicht mehr zur Debatte. Niki hätte sie sowieso nie auftreiben können. Nun war er ein echter Werkspilot. Die Bürde — Krieg' ich morgen überhaupt noch ein Rennauto, reicht das Geld für das nächste Flugticket, kann ich die fällige Kreditrate noch zusammenkratzen? — hatte er nun endlich abgestreift.

Josef Siffert sammelte Altpapier, um seine Rennfahrerlaufbahn zu finanzieren, Jackie Stewart investierte kein einziges Pfund. Laudas Millionenspekulation mutete wie ein Roulette an, in dem einer sein ganzes Geld auf eine Zahl setzt, die auf dem Roulettetisch gar nicht vorkommt.

Sogar Helmut Marko sagte: »Formel I fahren auf Kreditbasis, diese Nerven muß einer erst haben.«

Niki Lauda hatte sie.

Die Zeit der ärgsten Not war vorbei. Wie gut, fragte man sich, wird Niki erst fahren, wenn nicht nur die Reifen, der Motor, die Übersetzung, sondern obendrein auch die Kasse stimmt?

Mit dem Vertrag in der Tasche konnte Lauda sich leisten, bei jeder Gelegenheit — und deren gab es in dem schlecht organisierten BRM-Team allzu viele — auf die Barrikaden zu steigen. Aber nicht nur für sich, auch für Regazzoni und Beltoise. Seine Kritik bezog sich auf die Art und Weise, wie Reifentests durchgeführt wurden; sie erstreckte sich auf die Arbeitszeiteinteilung der Mechaniker; mit einem Wort: Laudas Kritik war stets

konstruktiv. Es war schon traurig genug, daß sich ein Fahrer über solche Probleme den Kopf zerbrechen mußte.
Lauda spricht die Sprache der Mechaniker bis zu den gängigsten Schimpfworten. Regazzoni fehlen im Englischen die Worte, um sich beim Abstimmen des Wagens bis ins letzte Detail zu offenbaren. Regazzoni und Beltoise machten gegen Saisonmitte bereits einen resignierenden Eindruck. Nur Lauda kämpfte. Auf und neben der Rennpiste. Es war aber ein Kampf gegen Windmühlen.
BRM blieb das Team der pausenlos Motoren wechselnden Monteure, das Team der öligen Hände und der antiquiert wirkenden Metallteile.

Ein Kelch ging vorüber

Ein bleigrauer Himmel drohte mit Regen, als in Silverstone das erste offizielle Training zum Grand Prix von England begann. Silverstone ist ein ehemaliger Militärflugplatz, um dessen Start- und Landebahnen sich ein Kurs von 4,7 km windet. Auf jede Gerade folgt eine schnelle Kurve. Formel-I-Rennwagen fahren über 210 km/h Schnitt. Ein nicht ungefährlicher Flugplatzkurs. Neben der Piste sind Erdwälle angehäuft, die Tribünen stehen viel zu nahe neben den Kurven. Der britische Grand Prix 1973 versprach das glanzvollste Rennen der WM-Saison zu werden. In der Nennliste standen insgesamt 29 Wagen, darunter drei McLaren mit Denny Hulme, Peter Revson und Jody Scheckter.
Niki Lauda war vor dem ersten Training ziemlich beunruhigt; wie ein verstörtes Reh lief er herum. Regazzoni hatte nämlich den neuen, um 27 PS stärkeren BRM-12-Zylinder bekommen. »Vor zwei Tagen«, ärgerte sich Lauda, »sagte mir Tim Parnell, daß ich den neuen Motor kriege. Jetzt aber fährt Regazzoni damit, und auch der Wagen von Beltoise wurde so weit umgebaut, daß der neue Motor mit dem verbesserten Ölsystem in sein Chassis passen würde.«
Lauda war nicht zu beruhigen: »Ich bin jetzt immer der Schnellste im Team, das wird aber gar nicht honoriert.« Furios stürmte er auf die Piste. Was er beweisen wollte, war klar. Seit er am Nürburgring mit Fords Renn-Capri schnellere Runden als Stewart, Fittipaldi und Mass drehte, sogar schneller war als der Tourenwagenheld Hans Stuck, war sein Selbstvertrauen ins unermeßliche gestiegen. Nach einer Trainingsstunde stand er neben Peter Revson und Denis Hulme in Silverstone in der ersten Startreihe. Zu diesem Zeitpunkt lag der neue Supermotor im Regazzoni-BRM bereits in Agonie. Gewiß: Lauda mußte später die neuen, besonders weichen Firestone-Reifen wieder abmontieren lassen, und die Bestzeitenjagd,

von der Konkurrenz auf die 1 : 17,0-Marke (218,8 km/h Schnitt) vorangetragen, lief ihm etwas davon. »Eigentlich schade«, kam es ihm später zu Bewußtsein, »daß dieser Supermotor wieder einmal ein Fehlschlag ist.«
Immerhin: Niki blieb schnellster Mann im Team. Mit 1 : 17,4 stand er neben Regazzoni (1 : 17,5) in der vierten Startreihe.
Jody Scheckter war nervös. Er war von einer Unrast befallen, wie man sie bei anderen Fahrern kaum noch sieht. Jeder ist am Renntag nervös, mit dem Unterschied, daß die meisten Fahrer diese Art von Lampenfieber vorbildlich zu tarnen wissen. Im McLaren-Team hatte man für Scheckter den Namen »Baby-Bär« aufgebracht, weil der Dreiundzwanzigjährige etwas bärenhaft Tolpatschiges an sich hat und hinter Hulme und Revson das Teambaby war.
Die Tribünenschlucht in der Woodcote-Rechtskurve bei Start und Ziel wurde gleich nach dem Start zum Schlachtfeld, auf dem Rennwagen einander torpedierten, zertrümmerten, sich wie Panzer überrollten, drehten, ineinander verschachtelten. Heißsporn Jody hatte diese Materialschlacht von Silverstone in Gang gesetzt.
Es muß ein Schutzengel gewesen sein, der Laudas Halbachse ansägte, im richtigen Moment, bevor das Chaos ausbrach. Lauda fuhr im Grand Prix von England ganze dreißig Zentimeter. Der von hinten vorbeischießende Jackie Oliver rempelte den wie angeschraubt stehenden BRM. Lauda blieb somit Ärgeres erspart. Die vierte Startreihe hätte ihn in der Massenkarambolage Ende der zweiten Runde vermutlich in die Mitte der »action« gerückt.
Peterson hatte den besten Start, doch Stewart überholte ihn in der Beckett-Kurve. »Ich war ehrlich überrascht«, wunderte sich Peterson. Darauf Stewart: »Soll ich dir nächstes Mal eine Vorwarnung geben?«
Schon in der Startrunde hatte das Gedränge in Copse-Corner etwas Panisches an sich, wie man es in der Formel I selten sieht.
»Scheckter war wie von Sinnen«, schüttelte Hulme sein glatzköpfiges Haupt, »ich machte ihm vor Woodcote einfach Platz.« Scheckter hatte, aus der dritten Startreihe kommend, seine Teamgefährten Hulme und Revson, die in der ersten Reihe standen, glatt düpiert.
Revson behauptete: »In Woodcote zauberte Jody eingangs nicht wenig.« Woodcote ist die schnellste und unangenehmste Kurve des 4,7 km langen superschnellen Flugplatzkurses. Eine der gemeinsten Kurven, die es auf Grand-Prix-Rennstrecken überhaupt gibt. Man bremst sie im fünften Gang nur ganz kurz an, man steht früh am Gas, so früh es eben diese Rechtskurve, die im Radius immer enger wird, erlaubt. Man fährt zwischen 220 und 240 km/h, und normalerweise müßte links und rechts ein entspre-

chend breiter Sicherheitsraum sein. Silverstone, der alte RAF-Flugplatz, wurde aber schon 1948 zur Rennbahn umfunktioniert, zu einer Zeit, in der man mit 130 km/h durch diese Kurve ging. Tribünen und Boxenauffahrt bilden für Woodcote eine teuflische Schlucht.
Peter Revson schilderte weiter: »Unsere Reifen hatten noch nicht die nötige Betriebstemperatur, sie drehten beispielsweise in Becketts-Corner, wo man zweiten Gang fährt, durch, weil die richtige Bodenhaftung erst nach vier Runden wirksam wird. Das verlangt etwas Gefühl.«
Scheckter stand am Ausgang der Woodcote-Rechtskurve quer – im Gras, bei 230.
Auch Stewart hatte in Woodcote schon zwei böse Abenteuer erlebt. 1969 war ihm ein Reifen geplatzt, im Training war er diesmal kurzfristig auf den Grünstreifen gerutscht, doch konnte er den Tyrrell wieder auf die Bahn zwingen.
Scheckters McLaren brach dagegen mit dem Heck so stark aus, daß kein Gegenlenken mehr half. Von links pfeilte sich der Wagen quer über die Bahn, schlug rechts gegen eine Boxenmauer. Stewart und Peterson, die Spitzenreiter, sahen alles nur ganz verschwommen im Rückspiegel. Hulme, Revson, Reutemann, Fittipaldi, Regazzoni konnten, Slalom fahrend, irgendwie noch ausweichen. Cevert fand ein Loch, für Hailwood blieb nur noch ein Nadelöhr offen: »Zwischen Scheckter und der Mauer wollte ich durch, plötzlich fuhr mich jemand über den Haufen.«
Beltoise erinnert sich: »Ich sah nur Qualm und Trümmer.« Sein BRM bohrte sich in den Surtees von Jochen Mass. Der in Deutschlands Rennfarbe Weiß lackierte Mass-Surtees zertrümmerte den Wagen von Carlos Pace. Roger Williamson, dem John Wheatcroft diesen Einsatz im March-Team erkaufte, und Andrea de Adamich (Brabham) pflügten mittendurch: Die Schlacht war am Höhepunkt. Jacky Ickx konnte noch ausweichen, George Follmer krachte mit Graham Hill zusammen.
Feuerlöscher traten in Aktion, doch nur prophylaktisch, denn es gab keine Flammen, nur Wolken aus Staub und Wasserdampf und verrauchtem Gummi.
Wenn sich aus diesem Inferno etwas Erfreuliches ableiten ließ, dann die Tatsache, daß kein Tropfen Sprit aus den prallgefüllten Tanks ausfloß. Die seit dem 1. April 1973 geforderten Knautschzonen aus Schaumstoff hatten unheimlich viel Stoßenergie absorbiert. Die Gummitanks, gegen die sich alle Formel-I-Konstrukteure jahrelang gesträubt hatten, weil sie um ein paar Kilo schwerer waren, erwiesen sich als unzerstörbar.
»Da ginge kein Speer durch«, grinste ein McLaren-Monteur, als man Scheckters intakte Gummisäcke untersuchte. Auch die Elektrik hatte – wie

schon so oft – keinen zündenden Funken gespendet. Was in Silverstone geschah, war ein Etappensieg gegen den Feuertod. Leider nicht mehr, wie sich wenig später in Zandvoort herausstellte.

Es dauerte 40 Minuten, bis der Italiener Andrea de Adamich aus dem Brabham-Cockpit herausgesägt werden konnte. Er hatte ein blutiges Gesicht, war bei vollem Bewußtsein, gab den Ärzten Anweisungen, bekam schmerzstillende Injektionen, und außer einem Schock hatte er nur einen gebrochenen Knöchel. Hätte sein Brabham gebrannt: mit den bei den Boxen verfügbaren Feuerlöschgeräten wäre man auf verlorenem Posten gestanden.

Im französischen Grand Prix war Scheckter mit Fittipaldi kollidiert, in Silverstone hatte der Südafrikaner auf den Auslöser dieser Massenkarambolage gedrückt. Man muß aber fair sein: In Frankreich hatte Fittipaldi die Kollision provoziert, die Verantwortung für Silverstone – darf man überhaupt das Wort Schuld in dieser Situation ins Treffen führen? – nimmt Scheckter freilich niemand ab.

Er wußte genau, was er angerichtet hatte. Mit hängendem Kopf lief der Baby-Bär herum, fassungslos stierte er auf die zertrümmerten Rennwagen, und außer ihm gab es nur noch einen Menschen, dem die ganze Sache ähnlich hart in der Kehle würgte: John Surtees, der drei Rennwagen verlor.

Niki Lauda zog als unbeteiligter Zuschauer sofort die Konsequenz. Er ließ aus dem Beltoise-Wrack die Halbachse ausbauen, und als nach eineinhalb Stunden der Grand Prix von England nochmals gestartet wurde, zündete Lauda die BRM-Rakete so fulminant, daß er Peterson vom zweiten Platz aus attackierte, sogar Stewart, Fittipaldi und den späteren Sieger Revson bereits abgehängt hatte. Nach und nach aber wurde er von den Stars inhaliert: Auf den Geraden erwiesen sich die Cosworth-Motoren wiederum als schneller, und in den Kurven machte sich plötzlich bei ihm eine zunehmende Untersteuerungstendenz bemerkbar, was soviel hieß wie: Lauda mußte frühzeitig vom Gas, der BRM schob sonst über die Vorderräder aus den Kurven. »Links vorn«, merkte Lauda, »ging auch noch der Reifen flöten.«

Daß Firestone in Silverstone Goodyear um nichts nachstand, zeigte James Hunt im March von Lord Hesketh, als er sich mit Hulme und Cevert anlegte. Charakteristisch für den Silverstone-Kurs ist die Tatsache, daß es in den schnellen Kurven nicht möglich ist, einem Vordermann dicht zu folgen, da dieser ein Vakuum hinterläßt, in dem der Hintermann jeglichen Bodendruck an den Vorderrädern verliert.

»Drei Wagenlängen Abstand«, so Lauda, »ist das mindeste, sonst muß man vom Gas gehen und verliert dabei alles beim Anbremsen gewonnene

Terrain.« Stewart versuchte den führenden Peterson eingangs von Stowe-Corner auszubremsen. Stewart und Peterson lagen Seite an Seite, plötzlich drehte sich Stewart in die Wiese hinaus: »Ich habe statt dem vierten den zweiten Gang eingelegt; was sich da bei 200 abspielt, brauche ich wohl nicht zu erwähnen.« Niki Lauda grinste, als er Jackies Entschuldigung erfuhr: »Das ist ein Schmäh . . .«

Nach einem Check an der Box kam Stewart nie mehr richtig in Fahrt: ein Reifen verlor langsam Luft. Fittipaldi war bestrebt, den Abstand zum führenden Peterson abzubauen. Nur noch 2,2 Sekunden trennten ihn, doch, wie gesagt, es war schwierig, auf einen Vordermann ganz dicht aufzufahren. Plötzlich brach Fittipaldis Halbachse. Stewart konnte aufatmen: die WM-Wertung wurde nicht umgestoßen. Auf einmal begann es zu regnen. »Nicht stark, ein paar Tropfen fielen«, bagatellisierte Peter Revson. Ronnies Führung verringerte sich. Revson überholte ihn »ohne Krampf«. Ronnie, achselzuckend: »Nein, an meinem Wagen gab es nichts auszusetzen.« Vielleicht erinnerte sich der Schwede an seine zwei Silverstone-Ausritte; einmal mit dem March-Alfa-Formel-I, wo er sich ungespitzt in einen Erdwall gebohrt hatte; das andere Mal war er in der Daily Express Trophy in einem Schneeschauer von der Bahn gesegelt. Peterson – Hunt – Hulme rangen hart um die Plätze, erst in der 55. Runde konnte sich Denny den widerspenstigen Hunt vom Leibe bremsen.

Nach zwei Boxenstops duellierte sich Lauda mit Jacky Ickx, der mit seinem Ferrari immer mehr nach hinten absackte. Der Ferrari war diesmal gar nur in der achten Reihe gestanden. Lauda ahnte noch nicht, daß in Silverstone ein gewisser Dr. Lucca Montezemolo Zaungast war, ein junger Rechtsanwalt, den Enzo Ferrari mit der Neuorganisation des Formel-I-Teams beauftragt hatte. Lauda stand bereits auf der Ferrari-Wunschliste; seine Leistung in Silverstone hatte Dr. Montezemolo ziemlich beeindruckt. Daß Lauda unter »ferner liefen« ins Ziel kam, war belanglos.

Peter Revson, nach seinem Sieg von einer Party zur anderen weitergereicht, war schon leicht angesäuselt, als er das Geständnis machte: »Ich habe vor dem Rennen 100 Pfund auf mich selbst gewettet.« Die Quoten standen 14 : 1, so kassierte »Revy« zusätzliche 1400 Pfund.

Am Abend traf ich Scheckter, als er das Fahrerlager verließ. Die McLaren-Leute hatten ihn lange versteckt, denn ein Heer von Journalisten hatte ihn gejagt wie einen Hasen. »Nimm's leicht«, sagte ich zu ihm, »in zwei Jahren bist du ohnehin Weltmeister.«

»Zwei Jahre?« brummte er. »Ein Jahr muß auch genügen.« Damit hatte er sich demaskiert, der Baby-Bär: Unter diesem Fell steckt nichts anderes als ein reißender Tiger.

Niki Lauda verließ Silverstone trotz allem nicht unbefriedigt. Louis Stanley hatte ihm das erste Gehalt zugesteckt, einen Scheck über 2000 Pfund. Von Ford lag ein lukratives Angebot für die nächste Tourenwagen-Rennsaison vor. In der Massenkarambolage war er unbehelligt geblieben: ein Kelch war an ihm vorübergegangen.
Ein weiterer Prestigegewinn für Niki war das erste verregnete Training auf dem Dünenrundkurs von Zandvoort, wo der holländische Grand Prix über die Bühne ging.
»Jetzt wäre ich fast rausgeflogen«, meinte er grinsend, als er dem Sitzbad im BRM-Cockpit entstieg: Mit 1 : 29,4 markierte er die Bestzeit. »Ich kam etwas von der Fahrspur ab, und schon zischte ein Vorderrad durch eine Pfütze, die normalerweise nicht auf meiner Linie lag.«
Die 4,22-km-Piste glänzte in einem tückischen Quecksilbergrau, und der Wind fegte durch die Dünen. Die Rennwagen machten sich in der Gischt unsichtbar. Bei Jackie Stewart entlud sich auf der Geraden der Feuerlöscher: »Ich verlor plötzlich vollkommen die Orientierung.« Stewart fand sie vor einer Kurve wieder. Kaltblütig riß er den Tyrrell in den Sandstreifen hinaus. Carlos Pace drehte sich – vor Lauda liegend – zweimal.
»Was immer jetzt passiert«, strahlte Niki, »die Regenbestzeit kann mir niemand streitig machen.« Im Abschlußtraining passierte dann einiges. Zunächst schnellte die Öltemperatur des neuen BRM-Triebwerkes – diesmal hatte Niki den sogenannten Supermotor – nach jeweils drei Runden auf 110 Grad. Mit dem Steigen der Öltemperatur sank auch die Leistung. Er fuhr noch eine Runde in 1:21,43, als plötzlich der neue Motor seinen Betrieb einstellte. Für den Rest des Trainings blieb Lauda Zuschauer. Fazit: fünfte Startreihe. Neben ihm lauerten Regazzoni und Wilson Fittipaldi (Brabham).
Im Rennen wurde ein Mensch in des Wortes furchtbarstem Sinn verheizt: Der Brite Roger Williamson flog in der achten Runde, auf Platz 13 liegend, ausgangs einer voll zu fahrenden Rechtskurve mit etwa 240 km/h in einem Winkel von 30 Grad gegen die Leitschiene, die nur fünf Meter vom Asphaltband entfernt stand. Einen halben Kilometer weiter blieb der March als Wrack auf der Innenbahn eines schnellen Rechtsknickes liegen und fing Feuer. David Purley – nur er und niemand sonst – stoppte sofort, lief zu dem Williamson-March, der verkehrt liegengeblieben war. Purley erzählte später, Entsetzen im Antlitz: »Ich wollte den Wagen umdrehen, da schlugen bereits die Flammen raus. Niemand war da, um zu helfen. Ich allein kämpfte gegen das Feuer.« Purleys Schuhe waren schon verkohlt, als er den Rückzug antreten mußte. Williamson erstickte und verbrannte. Ronnie Peterson machte sich den Unfall kaltherzig zunutze, um Jackie

Stewart auf 10 Sekunden davonzufahren. Wieder – wie schon 1970, als Piers Courage starb – rasten die Fahrer in Zandvoort an einem Feuer vorbei, das einen der ihren verzehrte. Die Fahrer waren sich wenigstens einig: »Man hätte abbrechen müssen!«

Am Start wurde Lauda von Howden Ganley gerammt, er drehte sich, sprengte als letzter dem Felde nach, stieß bis auf Platz sieben vor, fuhr wie alle anderen durch den Vorhang aus finsteren Rauchwolken, die sich über die Straße wälzten, und mußte in der Folge viermal an die Box: zweimal galt es die Reifen zu wechseln, jedesmal klemmte der Zentralverschluß, zweimal spielte der Benzindruck verrückt.

Warum er nicht auch stehengeblieben sei, um Williamson zu helfen, wurde Lauda gefragt. »Ich werde fürs Fahren und nicht fürs Parken bezahlt«, antwortete Lauda mit Nachdruck.

Bereits im nächsten Rennen blickte auch Niki Lauda von dem schmalen Grat, auf dem Rennfahrer balancieren, einige Herzschläge lang in den Abgrund: er taumelte ein Stück ins Bodenlose.

Dabei versprach der Große Preis von Deutschland für ihn ein gutes Rennen zu werden. Er stand in der dritten Startreihe. Seine Zeit von 7:09,9 war eine Fabelzeit, nur 2,1 Sekunden langsamer als die Pole-Position von Jackie Stewart, und das nach 22,8 km Streckenlänge.

Dann kam alles anders: Am Ende hatte Niki seine rechte Hand in Gips. Was war passiert?

Stewart kam nach 7:27,7 aus der Startrunde zurück, gefolgt von Cevert (7:28,8) und Ichx, der ausnahmsweise einen McLaren fuhr, weil Ferrari den Formel-I-Wagen in Ruhe vom Rost befreien wollte. Vierter war Niki Lauda mit 7:36,5. Während der zweiten Runde wurde Niki durch einen Reifendefekt rechts hinten bei 250 km/h inmitten einer Kurvenkombination auf der linken Straßenseite von der Bahn geworfen. Sein BRM ritt 400 Meter über eine Böschung, ein Wunder, daß er sich nicht überschlug. Nur knapp ein Streckenpostenhäuschen verfehlend, kam er dann zum Stillstand. Beim ersten Anprall auf die Böschung brach das zurückprellende Lenkrad Lauda das rechte Handgelenk.

Für die Rettung war seine Verletzung nicht so schwer, als daß sie einen Transport im Rettungswagen gerechtfertigt hätte. Lauda fand nach langem Suchen einen Polizisten, der ihn zum Start/Ziel chauffierte, wo er sich im Grand-Prix-Spital verarzten ließ. Seine Quintessenz aus diesem deprimierenden Vorfall: »Bei künftigen Unfällen stelle ich mich tot. Nur so kommt man schnell ins Krankenhaus!«

Zum Leidwesen von Motorsport-Österreich mußte Niki Lauda zwei Wochen später auf den österreichischen Grand Prix verzichten. Eine Woche vor dem Rennen konnte er mit seiner gebrochenen und geprellten rechten Hand »nicht einmal ein Streichholz anzünden«. Zwei Tage vor Trainingsbeginn nahm man ihm den Gips ab. Im ersten Training kam er nach zwei Runden mit dem BRM an die Box. »Ich habe es ja geahnt«, erklärte er finsteren Gesichts, »doch ich wollte es einfach nicht wahrhaben. In diesen zwei Standgasrunden taten mir die Vibrationen des Wagens so weh, daß ich glaubte, mein ganzes Handgelenk geht wieder aus dem Leim.«

»Ich verzichte auf meinen Home-Grand-Prix«, sagte er zu Tim Parnell, »es ist sinnlos, ich würde nur einen Unfall riskieren.« Clay Regazzoni stieg daraufhin in den Lauda-BRM. Was zu diesem Zeitpunkt noch niemand wußte: Niki Lauda stand mit einem Fuß bereits bei Ferrari.

Im Sattel des springenden Pferdes

Geheimtreffen

Als Niki Lauda im August 1973, gleich nach dem österreichischen Grand Prix, dem er nur als Zuschauer beiwohnte, dem Ferrari-Werk einen Besuch abstattete, mußte er nicht wie üblich warten, sondern er wurde sofort zum Commendatore vorgelassen. Er war bereits avisiert.

Dr. Montezemolo, Enzo Ferraris rechte Hand, spindeldürrer Advokat, hatte sich auf Umwegen Laudas Telefonnummer besorgt, denn der Schachzug sollte möglichst lange geheim bleiben. Er bekam die Nummer über den englischen Ferrari-Importeur Colonel Hoare, der sie den BRM-Leuten unter irgendeinem Vorwand herauslockte. Auf dem Londoner Flughafen Heathrow hatten sich Montezemolo und Lauda zum ersten Abtasten getroffen. »Meine ersten Eindrücke von Niki waren sehr gut«, sagte der Italiener. Man unterhielt sich in englischer Sprache.

Nach der Werksbesichtigung im August kam Lauda zu dem Schluß, »daß die technischen Möglichkeiten bei Ferrari ungleich größer sind als bei jedem anderen Rennstall.« Gemessen am technischen Potential, unterscheiden sich Rennställe wie Tyrrell, McLaren oder Brabham vom Ferrari-Werk wie ein Verein zur Förderung des Drachensteigens von der NASA. Trotz allem blieben die Ferrari-Siege in der Formel I in den letzten Jahren eine Rarität. Das schwarze springende Pferd, Ferraris Wappentier, war oft sehr huflahm.

Zog man Ende 1973 in Maranello Bilanz, so standen in neun Jahren ganze zehn Grand-Prix-Siege auf dem Konto. Ferrari hatte zu jeder Zeit das Geld, die Techniker und das Know-how, um einen Rennfahrer in den siebenten Himmel zu heben. In den Ferrari-Mühlen wurde anderseits schon so manche Karriere zermalmt.

Als Jochen Rindt Ende 1968 zu Lotus ging, wußte er: Hier kann ich Weltmeister werden oder draufgehen. Seine besondere Tragik war: beides ist ihm widerfahren.

Als Niki Lauda daranging, mit dem britischen BRM-Rennstall zu brechen, konnte er sich ausmalen, daß ihm bei Ferrari von der technischen Seite her nur wenig Gefahr drohen würde. Bei Ferrari wird auf dem Reißbrett, im Vergleich zu englischen Rennställen, nicht hasardiert.

Drei Jahre und vier Tage nach Jochen Rindts tödlichem Unfall auf der Monza-Bahn wurde Niki Lauda, vorderhand noch für BRM fahrend, im Anbremsen der Parabolica »vom Blitz gestreift«: ein Reifenschaden links vorn machte den BRM an den Leitschienen zum Wrack. »Ich habe nur die Bremsen angetippt, und schon bin ich nach links geflogen« — die Parallelen mit Rindts Unfall waren beängstigend.
Sein Glück: Man hatte inzwischen die Leitschienen verbessert. Der BRM-Schrotthaufen kam fünf Meter vor einem Feuerwehrauto zum Stehen. Niki lag zum Zeitpunkt seines Unfalles im Grand Prix von Italien auf Platz zehn. Als es passierte, lief gerade die 34. Runde. Unverletzt, doch mit »neuen Schmerzen im lädierten rechten Handgelenk« verließ Niki die Stätte des Grauens. Ronnie Peterson gewann, Jackie Stewarts vierter Rang, nach einer grandiosen Aufholjagd (»mein bestes Rennen«, so Stewart), sicherte dem Schotten den Weltmeistertitel 1973. Laudas Vertrag mit Ferrari war längst im Tresor eines italienischen Anwalts hinterlegt.
Nur noch zwei Grand Prix fuhr Lauda für BRM, und wenn er auch auf regennasser Straße in Mosport (Kanada) 33 Runden lang das Feld anführte, sein bis dahin größtes Rennen fahrend, so fiel ihm der Abschied von dem britischen Rennstall nicht schwer. In Kanada trocknete die Strecke ab, man zog ihm bei einem notwendig gewordenen Boxenstop an Stelle profilloser Slicks sogenannte Intermediate-Reifen auf, die nach wenigen Runden in Fetzen gingen. Lauda stürmte bis auf Platz drei vor, dann fiel der Benzindruck, der BRM kollabierte, wurde 20 Minuten repariert, von Lauda nochmals ins Rennen gebracht, bis das Trauerspiel durch einen Differentialschaden endgültig beendet wurde.
In Watkins Glen, beim Training zum Grand Prix der USA, verunglückte der Franzose François Cevert tödlich. Der erste, der nach dem ununterbrochenen Training wieder auf die Piste fuhr, war Niki Lauda. »Emotionen? Die darf man sich in diesem Metier nicht leisten. Sonst ist man selbst tot«, pflegt er zu sagen.
Im Rennen stand er viermal an der Box, er wurde auf Platz 20 klassiert, wofür es noch 4900 Dollar gab. Ferrari ließ jetzt die Katze aus dem Sack: »Die beiden BRM-Piloten Lauda und Regazzoni werden 1974 für uns fahren.« Louis Stanley knirschte. Er drohte Lauda mit der Klage.
Im November 1973 traf ich Niki Lauda eines Abends in Wien. Er war mit seinem Dienstwagen, einem 352 PS starken Ferrari Daytona, unterwegs. In Italien regnete es, man hatte die tagtäglichen Testfahrten auf dem Ferrari-Prüfgelände bis auf weiteres unterbrochen. Lauda war »happy« wie nie zuvor. Ferrari arbeitete hart und konsequent wie nie zuvor. Mauro Forghieri war wieder als starker Mann der Technik ans Ruder gelangt, jener

Forghieri, dessen Tobsuchtsanfälle gefürchtet sind, der den 12-Zylinder-Boxermotor des Formel-I-Wagens erdachte, im Grunde ein Genie, aber wie alle Genies ein schwieriger Mensch.
»Es ist mühsam«, bestätigte Lauda, »Forghieri von einer vorgefaßten Meinung abzubringen, aber immerhin: Wir arbeiten bereits so gut zusammen, daß wir innerhalb kurzer Zeit den Formel-I-Boliden auf unserer Teststrecke um 3 Sekunden schneller machten.« Von BRM erhielt er ständig Telegramme, die ihn zu Testfahrten nach England riefen. Der Fall Lauda beschäftigte bereits die Rechtsanwälte.

Land in Sicht

In seinem 29. Formel-I-Grand-Prix erfüllte sich für Lauda, wovon er seit 1971 träumte: der Platz an der Sonne. Beim Grand Prix von Argentinien (14. Jänner 1974) wurde er hinter Denny Hulme, noch vor seinem Stallgefährten Regazzoni, Zweiter auf Ferrari.
Im »Race of Champions« von Brands Hatch, einem Nicht-WM-Lauf, hielt Lauda bei strömendem Regen die Spitze, erst fünf Runden vor Schluß preßte Jacky Ickx seinen schwarz-goldenen Lotus am Lauda-Ferrari vorbei, der nicht mehr optimal auf der Straße lag: ein kleiner Gummistoppel in einem Stoßdämpfer war zerbröselt.
Als der Amerikaner Peter Revson eine Woche vor dem Südafrika-Grand-Prix auf der Kyalami-Rennstrecke bei Testfahrten verunglückte, an schwersten inneren Verletzungen und Schädelfrakturen starb, gab es genug Indizien, die auf einen Bruch der linken vorderen Radaufhängung hindeuteten.
»Das Unheil geht von den Reifen aus«, behauptete Emerson Fittipaldi. Er nannte nur eines von vielen Beispielen: »Man hat letztes Jahr den Querlenker an Jody Scheckters McLaren verstärkt, weil er in Kanada überraschend brach. In Südamerika brach der verstärkte Querlenker wieder, diesmal kam Hailwood in eine böse Situation. Es sind einfach die Reifen, deren ständig steigende Haftung das Chassis immer stärker beanspruchen. Teile, die heute noch stark genug dimensioniert sind, können morgen bereits brechen. Wir sind alle verunsichert.«
Professor Porsche hat einmal gesagt, daß jener Rennwagen der beste sei, der nach der Ziellinie auseinanderfällt. Die heutigen Formel-I-Wagen brechen meist schon früher.
»Ich kann nur sagen«, bezog Niki Lauda zu diesem Thema Stellung, »bei Ferrari wird, zum Unterschied von britischen Teams, nie gespart. Man wechselt ständig alles aus. Wann ist bei Ferrari jemals was gebrochen? Es ist beruhigend zu sehen, wie gewissenhaft die Techniker arbeiten.« Über

den Revson-Unfall ging die Grand-Prix-Truppe — wie immer nach solchen Ereignissen — sehr schnell zur Tagesordnung über.
Ob er Tischtennis spielte oder im Liegestuhl in der südafrikanischen Herbstsonne Entspannung suchte, ob er beim Frühstück ein Ei aufschlug oder abends ein Steak zersägte: Niki Lauda konnte sich nur schwer von der Belastung distanzieren, die plötzlich wie eine Weste aus Blei an ihm zerrte.
Er wußte es, und er versuchte nichts zu verbergen: »Vor zwei Jahren bei March, da war ich nur Statist. Jeder Platz unter den ersten fünfzehn war mir recht. Letztes Jahr bei BRM, da wollte ich schon höher hinaus. Ein Platz im vorderen Mittelfeld war das höchste der Gefühle. Seit ich aber in Brands Hatch das Formel-I-Feld im Regen kontrolliert habe, Ferrari bei drei Starts drei zweite Plätze errang, zählt nur noch eines: der Sieg.«
Obwohl die Ferraris vor Beginn des offiziellen Trainings keine einzige Runde drehten — ein Agreement unter den Rennställen verbot in der Woche des Grand Prix alle Testfahrten —, setzte Lauda an beiden Trainingstagen die Maßstäbe. Seine 1 : 16,58 (192,92 km/h Schnitt) aus dem ersten Training sollten dann auch für die beste Startposition gut sein. Man weiß, daß in der Höhenluft von Kyalami (1600 m über dem Meeresspiegel) die Cosworth-Achtzylinder 18 Prozent ihrer Höchstleistung verlieren, bei Ferrari soll die Leistungseinbuße noch etwas höher sein.
Vom Start weg führte Lauda acht Runden lang, doch auf der Geraden saugte sich Reutemanns Brabham immer näher an den Ferrari heran. »Ich sah ihn kommen«, berichtete Lauda, »und ich wußte: Den kannst du nicht halten.« Reutemann bremste Lauda am Ende der Geraden aus. Die Führenden lagen nie weiter als 20 bis 50 Meter auseinander. Ab der 50. Runde gewann Reutemann weiteres Terrain. Jochen Rindt hatte einst wegen seiner wilden Fahrweise über ihn gesagt: »Indianer gehören in den Urwald.«
Das Ende der Ferraris kam sehr schnell. Regazzoni hatte Motorschaden, bei Lauda wurde — wie sich später herausstellte — die Batterie überladen, das Stromnetz brach zusammen. Vier Runden vor Schluß verspielte der Wiener durch diesen Blödsinn Platz zwei und die damit verbundene WM-Führung. Alles, was hinter Reutemann lag, rückte noch schnell um zwei Plätze vor. Daß ein BRM unter Beltoise hinter Reutemann Zweiter wurde, veranlaßte einen BRM-Monteur zu der Frage: »Na, Niki, kommst du wieder zu uns?«

Lauda olé!

War der Sieg des Argentiniers Gonzalez in Silverstone 1951 der allererste Ferrari-Triumph in einem Formel-I-Weltmeisterschaftslauf, so bescherte der 25jährige Lauda dem Commendatore in Jarama den 50. Sieg.

Lauda-Regazzoni: Das war im Spanien-Grand-Prix der Doppelsieg, überdies der erste Ferrari-Sieg seit 1972, seit Jacky Ickx am Nürburgring gewann. Spanien 1974 wird in die Geschichte eingehen als turbulentes Rennen, ähnlich dem Kanada-Grand-Prix 1973. Am Start regnete es; als die Flagge fiel, schien die Sonne. Dazwischen mußten alle Formel-I-Wagen früher oder später zum Reifenwechsel an die Box, um die Regenreifen gegen profillose Trockenreifen auszuwechseln.

Als Ronnie Peterson am Freitag mit einem neuen JPS-Lotus, aus dem man das in Südafrika installierte zweite Bremspedal und die anfällige elektromechanische Kupplungsautomatik wieder entfernt hatte, um 3 Zehntelsekunden schneller war als Lauda, argwöhnte man in Ferrari-Kreisen, daß der Schwede möglicherweise von Goodyear eine Spezialmischung bekommen hätte, die man Ferrari vorenthalten habe. Lauda glaubte aber selbst nicht an diese These: »Der neue Lotus kommt, das war mir klar.« Bei Reifentests in Jarama war Lauda mit 1 : 18,6 stets Schnellster gewesen. »Die Frage«, fuhr Lauda fort, »heißt für mich: Wie gut wird der neue Lotus? So gut, daß Ronnie ohne Panik fahren kann, oder vielleicht nicht ganz so schnell? Ronnie würde sich dann zu einer seiner Amokfahrten steigern müssen. In diesem Falle möchte ich lieber hinter ihm herfahren.«

Erst in den nächsten Rennen stellte sich heraus: Der neue Lotus war kein Fort-, sondern ein Rückschritt.

Im Samstagtraining brachte Lauda die Ferrari-Welt wieder ins Lot: mit einem neuen Motor, einem neuen Getriebe, einem neuen Satz Reifen fuhr er 3 Hundertstelsekunden schneller als Peterson. Wenn man bedenkt, welchen Aufwand Ferrari in technischer, personeller und finanzieller Hinsicht treibt, so werden diese gewonnenen Hundertstelsekunden die teuersten Sekundenbruchteile, die es in einem Sport je gegeben hat.

Die Abstimmung der Wagen für den winkeligen 3,4-km-Kurs, den Denny Hulme als »Go-Kart-Piste« verhöhnte, war ziemlich schwierig. Niki kämpfte mit Ing. Mauro Forghieri um »jedes Loch beim Stabilisator«.

Forghieri: »Mit einem untersteuernden Wagen kannst du nicht so spät bremsen.«

Lauda: »Der Wagen muß untersteuern.«

Forghieri: »Du fährst mit einem Übersteuerer schneller.«

Lauda: »Nein, ich verliere Zeit.«

Forghieri: »Du warst doch jetzt schneller.«

Lauda, hartnäckig: »Ich hätte aber noch schneller sein können!«

Dr. Montezemolo, der Drahtzieher im Ferrari-Team (»Ich sorge für optimale zwischenmenschliche Beziehungen!«), ermahnte Lauda und Regazzoni vor dem Start: »Wenn ihr vorn liegt, dann ist uninteressant, wer gewinnt.

Ein Ferrari soll es sein. Ihr müßt mir jetzt mit Handschlag versprechen, daß ihr euch gegenseitig nicht hetzt oder behindert.«
»Wir sind doch Egoisten«, warf Lauda ein. Selbst die geringste Andeutung einer Order ist für ihn bereits ein rotes Tuch. Er ballte beim Handschlag die Faust — ein hintergründiger Scherz.
Peterson enterte vom Start weg als erster die erste Kurve. »Ronnie ging es ziemlich schnell an«, mußte Lauda zugeben. Er zog es vor, lieber Zweiter zu sein, als sich von Peterson auf regennasser Straße verheizen zu lassen. Das Feld fuhr überaus diszipliniert. Wenn man davon absieht, daß sich Reutemann und Hulme am Start berührten, verliefen die ersten Runden ohne Vorfälle.
Lauda brauste sich im Kielwasser von Peterson, Regazzoni verlor jede Runde Boden auf das Führungsduo. Der Regenspezialist Ickx war Vierter. Er kam Regazzoni erst näher, als dieser aus seinem Reifen Luft verlor. Deshalb steckte der Schweizer früher als Lauda auf Trockenreifen um.
Mit einem Mal hörte der Nieselregen auf. Die Gummiwalzen trockneten die Fahrspur sehr schnell ab. Die schokoladeweichen Regenreifen liefen heiß, den Fahrern flogen die ersten Gummistücke um die Ohren.
In der 20. Runde bremste Lauda den führenden Peterson am Ende der Geraden aus, in der gleichen Runde wechselte der Schwede seine Reifen. »Schon vom Start weg beunruhigte mich mein niedriger Öldruck«, erwähnte Peterson nachher. Nach dem Boxenstopp wurde er auch gleich von einem Motorschaden eliminiert. Dann begann das große Reifenwechseln. Routinierte Boxenbuchhalterinnen wie Betty Hill und Nora Tyrrell klappten ihre Rundentabellen resignierend zu. Bald wußte niemand mehr exakt, wer auf welchem Platz lag. Am genauesten war noch Ferrari durch seinen elektronischen Heuer-Computer in der Lage, das Geschehen zu überblicken. Daß Lauda vor Regazzoni führte, darüber herrschte zwischen Boxen und offizieller Zeitnahme vollste Übereinstimmung. Doch bereits was den Dritten betraf, schieden sich die Geister. Hans Stuck war offiziell Dritter, March aber wähnte ihn am siebenten Platz. Lauda später: »Ich bin nach dem Reifenwechsel absolut am Limit gefahren.« Als er genau bei Halbzeit des auf zwei Stunden anberaumten Rennens 27 Sekunden vor Regazzoni lag, gab er sich noch immer nicht zufrieden. Er dehnte den Vorsprung bis 40 Sekunden aus, erst dann ließ er sich von Mauro Forghieris Handzeichen zu einer gemäßigten Gangart überreden. Hinter Lauda und Regazzoni formierte sich bereits der Einlauf: Fittipaldi, Stuck, Scheckter, Hulme, Redman. Wäre Lauda ein Torero und der Grand Prix ein Stierkampf, das Publikum hätte den Österreicher mit einem »olé!« überschüttet.
In der lebensgefährlichen Drängerei um den Sieger schnappte ich ein paar

Kommentare auf. Jackie Stewart meinte: »Wonderful für Österreich! Niki hatte alles unter Kontrolle. Selbst Jochen Rindt würde auf ihn stolz sein.« Ferraris Mauro Forghieri schluchzte: »Was soll ich sagen? Niki und Clay haben seit dem Herbst im Cockpit unserer Autos gewohnt. Ich freue mich für Enzo Ferrari. Er ist jetzt 76, und Siege sind für ihn eine Art Arznei.« Hans Stuck zeigte ehrliche Freude: »Der Niki hat's geschafft. Vor zwei Jahren stand er hier in der letzten Reihe, heute hat er gewonnen. Ich beneide ihn.« Nikis Monteur Ermano Gouchi rollte die Augen: »Ich hab's immer prophezeit. Dieser Österreicher wird Ferrari den langersehnten Sieg schenken.« Clay Regazzoni, von Niki scherzhaft »Jakob« genannt, gratulierte: »Bravo, Niki.«

Für Niki Lauda war sein erster Grand-Prix-Sieg etwas ganz Merkwürdiges. Seine Freude war die eines Menschen, der etwas geschenkt bekommen hat, das ihm von Rechts wegen schon immer zustand. Lauda war in Spanien nicht viel besser gefahren als in Brands Hatch, sein Einsatz war nicht höher gewesen als in der BRM-Saison. Im stillen könnte er sich gefragt haben: Wenn ich mir diesen Sieg so unendlich verdiente, wie alle sagen, dann hätte ich mir auch schon fünf andere verdient. »Ein Grand-Prix-Sieg«, plauderte Niki einmal aus, »dauert nicht länger an als drei Stunden nach dem Rennen. Wenn alles vorbei ist und man ins Hotel zurückfährt, hat sich für einen nichts geändert . . .«

Vom nächsten Grand Prix, dem belgischen in Nivelles, behauptet Niki: »Dort bin ich für mich persönlich ein optimales Rennen gefahren. Ich bin aber nur Zweiter geworden.« »Schaut euch diese Hände an!« Mit diesen Worten stieg er in Belgien aus dem Ferrari, die Hände waren ganz wund, hatten Blasen und leuchteten so blau, als wären sie erfroren. »Die ganze Straße war verschwommen, der Wagen zitterte, das Lenkrad bebte, ich konnte unmöglich schneller fahren«, beteuerte er.

Laudas zweiter Platz – nach einem Herzschlag-Finish hinter Emerson Fittipaldi – brachte dem Brasilianer die WM-Führung: 22 Punkte für »Fitti«, 21 Punkte für Lauda. Regazzoni, der in der letzten Runde von Scheckter auf Platz vier verwiesen wurde, mußte die WM-Führung abgeben. Er fiel auf den dritten Rang zurück. Mit staubtrockenem Tank und abgestorbenem Motor schwang sich Regazzonis Ferrari über die Ziellinie.

Zwistigkeiten

Vom Zwist am Morgen über die Niederlage am Nachmittag bis zum handfesten Krach am Abend: im Monaco-Grand-Prix braute sich im Ferrari-Team das erste Saisongewitter zusammen. Das Wetterleuchten war noch bis spätnachts sichtbar. Es begann mit einer eigenartigen Szene im ersten Training. Während ein Kranwagen Niki Laudas verstümmelten Ferrari rund um den Kurs schleppte, verkündete der Lautsprecher: »Trainingsbestzeit Niki Lauda, 1 : 28,4, 133,49 km/h Schnitt.« An den Boxen versuchte Niki seinen Groll mit Mineralwasser runterzuspülen. »War mein Fehler«, betonte er immer wieder. Dann steigerte er sich in eine wüste Selbstbeschimpfung. »Idiot« war noch das Mildeste, was er sich nannte. In einer langsamen S-Kurve beim Hafen unten, wo man im zweiten Gang fährt, war er von der Ideallinie abgekommen. Der Ferrari ließ sich nicht mehr aus der Kurve hinauswedeln, er hatte sich geradeaus in die Leitschienen gepfeilt. Mit einem alten »Muletto«, dem ältesten Ferrari-Chassis überhaupt, steigerte er sich im zweiten Training sogar noch auf 1 : 26,3. Diese Zeit überdauerte alle Sturmläufe der Konkurrenz. Monaco 1974 war für Niki die dritte Pole-Position.

Als er nach dieser 1 : 26,3-Rekordrunde an die Box rollte, ergriff ein junger, bebrillter Mann seine Hand und zählte seine Pulsschläge: Günther Traub. Lauda hatte sich den Exweltrekordler und vierfachen Weltmeister im Rollschuhlauf, der in seinem Leben über 3000 Wettkämpfe bestritt, als Betreuer nach Monaco geholt.

Drei Tage vor dem Rennen wurde mit einer Behandlung begonnen, die Laudas »Leistung stabilisieren sollte«, wie Traub es nannte. »Rennfahrer«, expliziert Traub, »bewegen sich im Katastrophenbereich. In der Kette Mensch-Maschine ist der Mensch das schwächere Glied. Um Zehntelsekunden zu gewinnen, werden Entwicklungen in Gang gesetzt, die Millionen kosten. Was aber tut der Mensch, um sich zu steigern? Herzlich wenig.« Nach der Rekordrunde registrierte Traub für Lauda 170 Pulsschläge, was zeigt, wie groß die Belastung für den Piloten war. Fünf Minuten später war Laudas Puls aber schon auf 124 Schläge gefallen. »Ich kenne Rennfahrer, die nach einer schnellen Runde noch 20 Minuten lang mit 150 Puls herumlaufen«, erzählte Traub. Seine Behandlung lief gerade erst an: Laufen, Gymnastik, Massage, Wechselbäder, dazwischen immer Pulsmessungen.

In einer ruhigen Stunde sprach ich mit Niki über die Weltmeisterschaft. Immerhin lag er bereits auf Platz zwei. »Kein Narr oder opferbereiter Kamikazepilot«, eröffnete er, »wird jemals die WM gewinnen. Nur der intelligenteste wird heutzutage Weltmeister. Das beste Beispiel war doch Stewart. Daß der so lange dominierend war, kam nicht von ungefähr.«

»Als ich am Morgen nach dem Sieg in Spanien aufwachte«, gab er preis, »sagte ich mir: Fabelhaft, jetzt bist du Grand-Prix-Sieger. Jetzt beginnt aber erst recht die harte Arbeit. Diesen Standard zu halten, auszubauen, das dürfte noch schwieriger sein, als einmal irgendwo zu siegen.«

Am Morgen des Renntags ging Lauda zur Rennleitung. Deswegen war er sogar schon um sieben Uhr aufgestanden. Er wollte von seinem Recht als Pole-Position-Mann Gebrauch machen: »Laßt mich vorn rechts an Stelle von links starten.« Die Rennleitung akzeptierte.
Später aber drehte Ferrari-Teamchef Montezemolo diese Entscheidung wieder um: Lauda müsse links, Regazzoni rechts in der ersten Reihe starten. Argumentierte Lauda vehement: »Erstens ist es mein Recht, zu wählen, zweitens rechne ich mir, auf der Innenbahn zur ersten Rechtskurve schießend, größere Chancen aus, sofort Erster zu sein.« Regazzoni, Montezemolo und auch Renningenieur Mauro Forghieri sprachen sich gegen Laudas Wahl aus. Regazzoni, Nikis Nebenmann in der ersten Reihe, wußte insgeheim natürlich um die Vorteile. Montezemolo: »Es geht mir um die Vorteile des Teams und nicht um die eines Fahrers.« Lauda grollte: »Unsinn.« Vergrämt verließ er die Diskussion. Er wußte: Wer immer vom Start weg vorn liegt, der diktiert im Stadtverkehr von Monaco des Rennen. Hatte man Lauda irgendwelche Stallorder gegeben? »Ich würde alles glatt vergessen ...«
Von Elizabeth Taylor geküßt, von Henry Fords Gattin umarmt, von Fiat-Boß Agnelli mit Glückwünschen versehen, ging Österreichs Grand-Prix-Star in diese ereignisreiche 78-Runden-Tretmühle.
Regazzoni nützte seine Startposition optimal. Lauda mußte sich hinter ihm anstellen. »Clay schlug allerdings ein Tempo an«, kritisierte Lauda, »daß ich mit einer Hand hätte nachfahren können.«
Zweifellos: Regazzoni bremste die Spitze, denn sogar der Shadow-Pilot Jarier begann Lauda, den Zweiten, hart zu attackieren. Regazzoni fuhr zum Nachfahren zu langsam, zum Überholen zu schnell. Später ließ Clay durchblicken, daß sein Ferrari in der Anfangsphase des Rennens nicht so gut lag wie im Training. Ein neuer Reifen hatte den Wagen gänzlich aus der Balance gebracht.
Eine Massenkarambolage auf der Kasinoauffahrt, ausgelöst durch eine Feindberührung zwischen Hulme und Beltoise, eliminierte außer den beiden auch noch Merzario, Pace, Brambilla und Redman.
Lauda setzte Regazzoni immer stärker unter Druck. Clay wurde unruhig und nervös. Beim Anbremsen einer Spitzkehre stellte sich der Schweizer »wie eine Straßensperre« quer, Lauda konnte gerade noch seinen Wagen verreißen. Um ein Haar hätten sich beide Ferraris mit dieser Harakiriaktion eliminiert.
Ab der 22. Runde führte Lauda: »Ich fuhr bloß 80 Prozent schnell.« Aber Ronnie Peterson hinter ihm setzte zu einer seiner gefürchteten Amokfahrten an. Versteift sich Lauda: »Ich hätte ihn mit einem optimalen Motor sicher auf Distanz gehalten.« Seine 4 Sekunden Vorsprung bauten aber schnell ab.

In der 32. Runde waren es nur noch 1,1 Sekunden. Dann streikte der Ferrari-Motor. Wie sich später herausstellte, wurde wie in Südafrika die Batterie überladen. Lauda saß zum zweitenmal auf einem elektrischen Stuhl, und diesmal wurde sogar ein Sieg hingerichtet. Wichtige WM-Punkte waren erneut im Eimer. Peterson holte sich den Grand Prix von Monaco, hinter Scheckter und Jarier wurde Regazzoni noch Vierter. Er verdrängte Niki in der WM-Wertung vom zweiten auf den dritten Rang. Fittipaldi wurde Fünfter, seine WM-Führung war um zwei Punkte auf insgesamt 24 ausgebaut.

Abends, lange nach dem Rennen, brach das Gewitter los. Aufgestaute Emotionen suchten ein Ventil. Regazzoni tobte, daß sein Dreher nur wegen Laudas »unkollegialem Druck« zustande gekommen sei. Laudas Retourkutsche: »Du hast uns doch alle blockiert.« Die Zwistigkeiten im Hotel Mirabeau wurden schließlich so lautstark, daß sich die Ferrari-Crew in schalldichtere Räume zurückzog. Lauda: »Das Schöne bei Ferrari ist: Wenn manchmal auch im Streit die Spaghetti fliegen — nachher scheint sofort wieder die Sonne . . .«

Die Niederlage in Monaco gab einem Teil der italienischen Presse neue Munition für ihr Sperrfeuer gegen Ferrari. Lauda geriet in dem Magazin »Autosprint« in das Visier des Journalisten Franco Lini und des Rennfahrers Andrea de Adamich, der sich dort als Kolumnist betätigte. Lauda, so tönte es polemisch, hätte die Ferrari-Niederlage in Monaco besiegelt: völlig sinnlos habe er Regazzoni aus der Bahn gehetzt. Adamich behauptete: »Dem Computer Lauda ist eine Sicherung durchgebrannt.«

Daß Lauda einigen italienischen Journalisten ein Dorn im Auge ist, weil seinetwegen der heißgeliebte Merzario von Ferrari gekündigt worden war, wird immer wieder zum Ausdruck gebracht. Besagte Polemik kam aus der Feder von zwei bei Ferrari gescheiterten Existenzen. Der Journalist war eine Zeitlang Rennleiter, Adamich konnte es immer noch nicht überwinden, daß Ferrari ihn seinerzeit fallengelassen hatte. Wenn Lauda auch zum Zeitpunkt des schwedischen Grand Prix (9. Juni 1974) in Anderstorp meinte: »Es ist alles in Butter«, so mußte er leise ergänzen, daß solche Polemiken bei Ferrari doch nicht ganz ungehört bleiben: »Nur durch Siege kann man solchen Brunnenvergiftern den Wind aus den Segeln nehmen.«

Aber gerade Anderstorp wurde für Ferrari ein Waterloo: auf Platz drei liegend, schied Niki Lauda elf Runden vor Schluß aus. Regazzoni war bereits ab der 23. Runde Zuschauer. Nachdenklich verfolgten beide den Siegeslauf der beiden Tyrrell-Piloten Jody Scheckter und Patrick Depailler.

Fittipaldi, der weder im Rennen noch im Training eine tragende Rolle spielen konnte, wurde Vierter und holte sich wiederum drei zusätzliche WM-Punkte. Mit 27 Zählern führte er vor Regazzoni (22). Lauda und Scheckter teilten sich Platz drei mit je 21 Punkten. Die WM war ein »Gerangel« (so Lauda) wie nie zuvor.

Auf und davon

Als für den holländischen Grand Prix in Zandvoort das erste Training begann, erklärte Lauda im kleinen Kreis: »Ich will und muß hier gewinnen.« Er sagte es mit einem scharfen Ton in der Stimme, als wäre er diesmal gewillt, alle Grenzen zu überschreiten.

Tatsächlich setzte er in Zandvoort die Maßstäbe, wie in früheren Zeiten ein Jim Clark oder Jackie Stewart: Schnellster mit vollem Tank, Schnellster mit leerem Tank, ob mit harten Reifen fürs Rennen oder mit butterweichen Bestzeitreifen, der Weg zum Sieg führte einzig und allein über den Ferrari mit Startnummer 12. »Wir waren niemals so überlegen wie hier«, frohlockte Ferraris Dr. Montezemolo, »wir brauchen nur ein wenig Glück.« Niki, der Begriffe wie Glück und Pech nicht gelten läßt, rechnete vor: »Ich konnte mit halbvollem Tank noch 1:20,5 fahren, die anderen waren um mehr als eine Sekunde langsamer. Mit meiner Pole-Position von 1:18,31 war ich 1,2 Sekunden schneller als Fittipaldi.« Der WM-Leader gab sich bestürzt: »Mein McLaren läuft optimal. Als ich aber hinter Regazzoni in die Zielgerade einbog, fuhr er mir auf und davon.« »Gut so«, kicherte Lauda, der sich auf ein Duell mit Clay Regazzoni gefaßt machte. Der Schweizer würde sich auf dem Dünenkurs, auf dem er 1970 sein Grand-Prix-Debüt feierte, keine Schonung gewähren. »Langsam fahren«, präzisierte Lauda, »die Überlegenheit wohl dosiert ausspielen, so schaut meine Taktik fürs Rennen aus.«

Lauda und Regazzoni gingen ohne Stallorder ins Rennen. »Wir sind doch keine Tyrrell-Piloten«, stellte Lauda klar, in Anspielung auf den Schweden-Grand-Prix, wo Ken Tyrrell Scheckter und Depailler wie Marionetten an seinen Fäden tanzen ließ.

Die Zuschauer vor dem Bildschirm und die Zuschauer in Zandvoort wurden aber getäuscht. Seine einsame Siegesfahrt war alles andere als ein Sonntagsausflug. Im 35. Grand Prix seiner Karriere schenkte er dem Ferrari-Rennstall den 51. Grand-Prix-Sieg – im Stile eines Weltmeisters.

»Und wie ich gekämpft habe«, versicherte der Sieger. »Härter als in Spanien, immer volles Rohr fahrend, denn Clays Druck war unangenehm und stark. Erst die letzten fünf Runden konnte ich mich etwas einbremsen.«

Jubel, Champagner, Sprechchöre, ein lebensgefährliches Gedränge, Freudentränen, Umarmungen und die österreichische Hymne. Als sie erklang, stand Lauda am Boxendach, ziemlich genau auf jenem Platz, wo 1970 schon Jochen Rindt gestanden war, der damals einen gallbitteren Sieg feierte, weil sein Freund Piers Courage verunglückt war.

Der Druck wird größer

Der Kampf um den Titel wurde zusehends härter. Gleich im ersten Training zum Grand Prix von Frankreich, auf dem »Trottelkurs« (Lauda) von Dijon, trafen sich der WM-Leader Fittipaldi und der WM-Zweite Lauda zum ersten Schlagabtausch. Niki fegte mit 260 km/h über die Zielgerade, als sich von hinten der McLaren von Fittipaldi ansaugte. Ein Blick in den Rückspiegel, und Lauda weiß Bescheid: Sicher hat Fittipaldi bereits von meinem Windschatten profitiert. Lauda muß deshalb versuchen, die Zeit der noch laufenden Runde etwas zu strecken. Aber sofort.
In der schnellen Rechtskurve nach der Zielgeraden, dort, wo Depailler seinen Tyrrell gegen die Leitschienen warf, steigt Lauda ziemlich unsanft auf die Bremse. Fittipaldi hat keine andere Wahl, auch er muß vom Gas. »Ich bin halt vom Gaspedal abgerutscht«, bedauert Lauda, »das kann doch jedem einmal passieren . . .«
Nikis Überlegenheit, die sich in Zandvoort noch in Sekunden ausdrückte, offenbarte sich in Dijon nur in Hundersteln. Seit dem zweiten Trainingslauf hielt er die Pole-Position. Blieb auch sein Platz an der Sonne unantastbar, so wechselten seine Nebenleute ständig. Freitag hatte er noch Fittipaldi neben sich stehen. Samstag vormittag, welch Sensation, fuhr sich der 26jährige Brite Tom Pryce (Shadow) zu Lauda in die erste Reihe. Im vierten und letzten Training, Samstag nachmittag, verstieß Ronnie Peterson den vorwitzigen Neuling um lächerliche drei Hundertstelsekunden in die zweite Reihe. Im vorletzten Training meisterte Lauda eine brenzlige Situation. Dem vor ihm liegenden March-Piloten Brambilla brach das Hinterrad weg. Der Italiener prallte gegen die Leitschienen, Lauda wäre beinahe zum Handkuß gekommen.
Zu den dauernden Polemiken italienischer Zeitungen bekam Lauda nun auch Ärger von britischer Seite. Sein früherer Boss Louis Stanley ritt eine neue Attacke gegen seinen abtrünnigen Jungstar. Stanley drohte Enzo Ferrari an, er werde Lauda sperren lassen, der immer noch bei BRM unter Vertrag stehe. Lauda: »Ich lass' den Alten toben, er hat doch keine Chance!«
Der Grand Prix von Frankreich 1974 war ein schönes, aber eher lang-

weiliges Rennen. Schwer Erklärbares passierte: Während im Training zwischen dem Zweitschnellsten Peterson und Graham Hill am 22. Startplatz nur eine einzige Sekunde lag, zerfiel das Feld im Rennen nach wenigen Runden in eine Kette, die Wagen waren lose wie Perlen aufgefädelt. Am Start gab es ein Gemetzel, weil der Shadow von Tom Pryce wie angenagelt stehenblieb. Wer dann wen behinderte, darüber gibt es unterschiedliche Ansichten. James Hunt wusch seine Hände diesmal in Unschuld: »Fittipaldi stieß beim Slalomfahren mit Reutemann zusammen, daraufhin flogen beide auf mich.« Fittipaldi schimpfte: »Ich kam doch, da ich hinter Pryce stand, nicht vom Fleck.« Pryce, Hunt, Reutemann und Pescarolo waren sofort nach dieser Kettenreaktion außer Gefecht gesetzt.

Lauda führte, Regazzoni war Dritter und Peterson in dem Ferrari-Sandwich die Wurst. Aber sehr bald begann der Ferrari über die Vorderräder aus den Kurven zu schieben. »Ich kam deswegen immer langsamer in die Zielgerade hinein«, motivierte Lauda seinen Rückfall. Peterson bestätigte diese Aussage: »Stimmt, ich sah Nikis Probleme, ich stand deswegen bereits im Ferrari-Getriebe.«

In der 15. Runde scherte der Schwede aus dem Windschatten aus und überholte den Ferrari dort, wo sich in Dijon die einzigen Überholmanöver abspielen: in der Bremszone am Ende der Zielgeraden. Nach Halbzeit des Rennens verlor Lauda in mancher Runde bis zu einer Sekunde auf Peterson. Regazzoni wurde von Scheckter heftigst attackiert. Schließlich rettete Clay seinen dritten Platz mit einer Wagenlänge ins Ziel.

Während sich die Ferrari-Leute um den Hals fielen, tickte Laudas Computer – er selbst nannte es so – lautstark. Gesucht wurde die Antwort auf die Frage: »Wieso gaben die gleichen Reifen, die Peterson zu einem glanzvollen Sieg katapultierten, seinem und auch Regazzonis Ferrari Probleme auf?« Später, bei Testfahrten in Monza, stellte sich heraus, daß die von Ferrari in Dijon gefahrenen Reifen wegen eines Fabrikationsfehlers ovalförmig ausgegossen wurden, wodurch sie außergewöhnlich starke Vibrationen lieferten.

Mit seinem zweiten Platz hatte sich Niki in Dijon aber die WM-Führung erkämpft. Fittipaldi war zu Laudas Freude »endlich einmal« ausgefallen.

Daß Ronnie Peterson in Dijon mit einem verbesserten Lotus 72 wieder ein so ernstzunehmender Gegner war, mag Niki etwas beunruhigt haben. Er weiß: Peterson ist ein Fahrer, der sich tiefer im Katastrophenbereich als jeder andere bewegt. Im Grand-Prix-Zirkus hält man den Schweden für den Schnellsten, in der Summe aller Eigenschaften, die ein Rennfahrer mitzubringen hat, aber nicht für den Besten. Wer Peterson besiegen will, muß gewillt sein, so etwas wie den letzten Umkehrpunkt zu überschreiten. In

Brands Hatch avancierte Peterson erneut zu Laudas Gegner Nummer eins.

Die letzte Trainingsstunde für den Grand Prix von England war mörderisch. WM-Leader Lauda stand an der Box, sein Kopf flog von links nach rechts, als würde er ein Tennismatch beobachten. In Wirklichkeit belauerte er die Signaltafeln der Konkurrenz. Mit 1 : 20,0 hatte er gerade eine unheimliche Bestzeit vorgelegt. Diese Rundenzeit, die im ersten Moment wie ein Ruhekissen erschien, machte Lauda aber plötzlich zu einem Fakir, der sich auf seinem Nagelbrett abquält.

Als Peterson 1 : 20,3 fuhr, befahl Lauda, man möge neue Reifen aufziehen. Als Peterson 1 : 20,1 fuhr, warf Lauda seinen Apefel weg und zog die Handschuhe an. In diesem Augenblick mochte wohl niemand in seiner Haut stecken. Da war er doch mit allen Mitteln eine Bestzeit, eine Fabelzeit gefahren, eine Runde lang alles riskierend, und jetzt sah er sich genötigt, diesen Spießrutenlauf zu wiederholen.

In seiner zweiten Runde warf er 1 : 19,7 auf den welligen Asphalt von Brands Hatch, eine neue Bestzeit. Schnitt: 191,5 km/h. »Jetzt hab' ich mich angestrengt, meine Arme sind noch völlig verkrampft«, stöhnte er beim Aussteigen. Zwar wurde diese Zeit von Peterson noch eingestellt, doch die Pole-Position gehörte Lauda, weil er die 1 : 19,7 als erster gefahren hatte. Der Schwede, und das kommt selten vor, entstieg verschwitzt und nach Luft schnappend dem Lotus. Er war überzeugt: »Niki und ich werden wieder um die Spitze raufen.« Also eine Neuauflage des französischen Rennens? »Viel härter, denn dieser Kurs ist kein Spaß«, erwiderte Peterson.

Brands Hatch, das war für Lauda die sechste Pole-Position der Saison. Das ferrariinterne Duell mit Clay Regazzoni um die bessere Trainingszeit hatte Lauda bis dato ganz überlegen zu seinen Gunsten entschieden – 8 : 2 lautete hier nach zehn Rennen der Spielstand.

Siebzig Runden lang führte der Österreicher in weltmeisterlichem Stil den britischen Grand Prix an. Dann ging seinem rechten Hinterreifen die Luft aus. »In Linkskurven«, sagte Lauda, »mußte ich den Ferrari auf Händen tragen.« Sein 10-Sekunden-Vorsprung auf Jody Scheckter zerfiel rasch.

In der 71. Runde, vier Runden vor Schluß, zog Scheckter in Führung. So langsam Lauda den Ferrari auch durch die Kurven manövrieren mußte, auf der Geraden traute er sich Vollgas zu geben. Der luftlose Reifen löste sich auf.

Mit einer Felge, die nur noch von rauchenden Gummifetzen bandagiert war, torkelte der Ferrari um den Kurs, aber nicht zur Box. »Ja, ihr habt recht«, beteuerte Lauda nach dem Rennen seiner Mannschaft, »ich hätte reinkommen müssen.«

Den Sprung in die Formel I schaffte Niki Lauda durch Transaktionen: 1971 erster Gehversuch (Bild oben) mit einem March am Österreichring. 1972 kaufte er sich ins March-Team ein (Bild Mitte), aber erst 1973 bei BRM (Bild unten) zeigten sich Laudas fahrerische Fähigkeiten.
Fotos: A. Rottensteiner

Am Anfang stand ein Überschlag: Beim Asperner Flugplatzrennen überschlug sich Laudas Kaimann-Formel-V-Rennwagen. Und blieb verkehrt liegen. Nikis erste Frage, als er unverletzt davonspazierte: „Kann ich nachmittag wieder fahren?"
Fotos: E. Kaszay

Commendatore Enzo Ferrari, Niki Lauda: „Diesen Jungen mußte ich haben . . ."
Foto: O. Weissengruber

Mit Ronnie Peterson fuhr Lauda im March-Team: Peterson, das Fahrgenie ohne Intellekt, Lauda, der Lenkradprofessor, der keinen Fehler zweimal macht.
Foto: K. Bissuti

Die großen Drei von Ferrari:
(von links) Mauro Forghieri, der Techniker,
Lucca Montezemolo, der Rennleiter,
Niki Lauda, die fahrerische Nummer eins.
Foto: A. Rottensteiner

Der erste große Grand-Prix-Sieg: Lauda vor Regazzoni, 1974 in Jarama.
Foto: A. Rottensteiner

Bild rechts außen: Die Grand-Prix-Truppe vor einem Cricket-Match. In der ersten Reihe von links: Scheckter, Bell, Lauda, Stewart, Peterson, ein Cricket-Profi sowie Dennis Hulme.
Foto: Ford-Pressedienst

Monaco 1974: Clay Regazzoni vor Lauda und Jarier in den ersten Runden. Nachher gab's Krach.
Foto: A. Rottensteiner

Als der Endspurt schon verloren war: Niki Lauda mit seiner Freundin Mariella Reininghaus, Ende der Saison 1974.
Foto: A. Rottensteiner

Nürburgring 1974: Die Kollision in der Startrunde mit Jody Scheckter — der Ferrari stolperte über das Hinterrad des Tyrrell — bezeichnete Lauda später als „aufgelegten Blödsinn".
Foto: T. Temburg

Zandvoort 1975: Auf regennasser Straße katapultiert sich Lauda (12) vor Scheckter und Regazzoni (11) in Führung. Sieger aber wurde Hunt (24).
Foto: A. Rottensteiner

Flug-Fan Lauda im Cockpit einer Saab-105 des österreichischen Bundesheeres mit Kunstflugweltmeister Johann Rathgeb: Bei den Rollen wurde ihm schlecht.
Foto: G. Wiesinger

Niki Lauda, Emerson Fittipaldi: das Keep-smiling täuscht. Es gab zwar 1975 keinen kalten Krieg, doch gut Freund kann man sich in diesem Metier auch nicht sein.
Foto: Sven Simon

Kalt wie ein Fisch: Fitness-Spezialist Günther Traub registrierte vor der Entscheidungsschlacht in Monza bei Niki Lauda nur 72 Pulsschläge. Zweieinhalb Stunden später war Lauda Weltmeister.
Foto: A. Rottensteiner

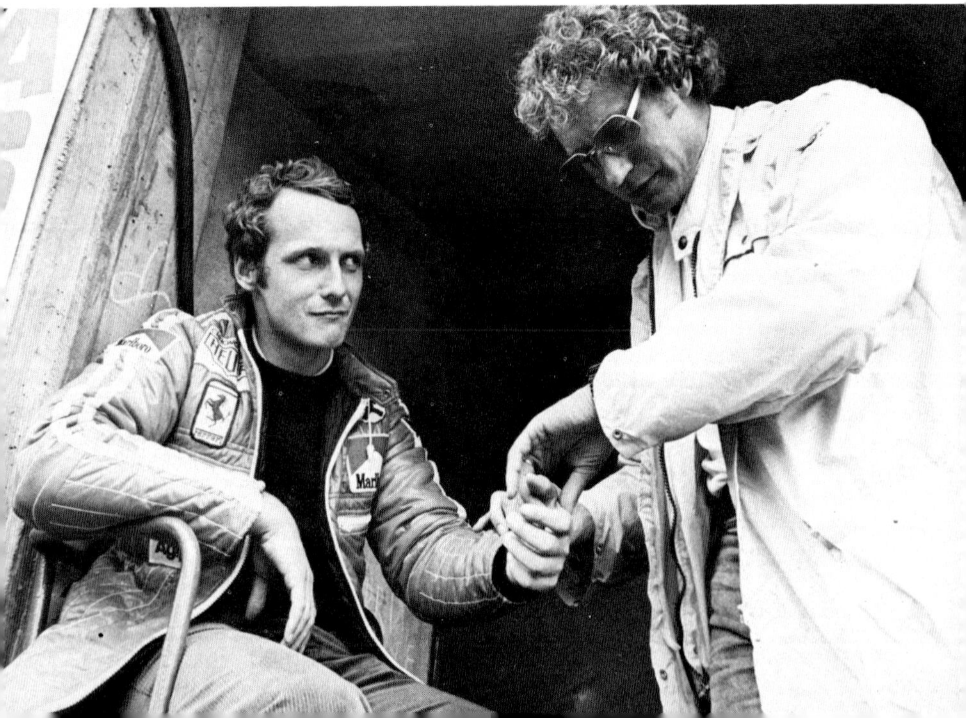

Als er nur noch auf der Felge dahinschliff, kam er an die Box, wo man seit Runden völlig entnervt mit einem Ersatzreifen wartete. Er war nur noch Dritter, außer Scheckter war ihm auch Fittipaldi vorgefahren. »Wärst du früher reingekommen«, so rechnete ihm Mauro Forghieri später in aller Ruhe vor, »wärst du sicher Dritter geworden.«
Die Ferrari-Monteure benötigten für den Reifenwechsel 17 Sekunden, Lauda spurtete die Boxenstraße hinab, die in Brands Hatch, auf dieser in vielen Belangen steinzeitlich anmutenden Rennstrecke, genau bei der Ziellinie in die Piste einmündet. Hunderte Menschen aber blockierten, den Sieger erwartend, die Ausfahrt. Lauda bremste angesichts der Menschenmauer. Ein Posten hielt ihm eine rote Fahne vor die Nase. Niki war ratlos. Jody Scheckter fuhr durchs Ziel. Als Sieger.
Der Tatbestand war klar: Man hat Lauda gehindert, seine 74. Runde zu vollenden. Es wäre höchstwahrscheinlich ein Fotofinish geworden: Lauda hätte – vorausgesetzt, er wäre voll beschleunigend rausgeschossen – noch vor Scheckter die Linie gekreuzt, zwar mit einer Runde Rückstand, doch mit gezählten 74 Runden, und das wäre der fünfte Rang und damit die WM-Führung (38 Punkte) gewesen, denn ein fünfter Platz bringt zwei Punkte.
Die offiziellen Ergebnisse logen: Sie führten Lauda mit dem Kommentar »Not running at finish« nur auf dem 10. Rang.
Ferrari protestierte. In einer dreistündigen Debatte wurde der Fall Lauda von den amtierenden Sportkommissären zerpflügt und zerpflückt. Das offizielle Statement, das dem Ferrari-Protest eine groteske Abfuhr erteilte, setzte sich über den wahren Sachverhalt in einer geradezu lachhaften Weise hinweg. Es heißt dort: »Nach einem Radwechsel versuchte Niki Lauda die Boxenstraße zu verlassen, er wurde aber von einem Funktionär gehindert, der die Sicherheit der Zuschauer am Ende des Rennens überwachte. An Hand der Beweise sehen die Kommissäre keine ausreichenden Gründe, die offiziellen Ergebnisse zu ändern.« Eines war offensichtlich: Mit der »Sicherheit von Menschen« wollte man von dem Willkürakt ablenken.
Warum ist Niki wirklich nicht schon früher an die Box gefahren? Im nachhinein läßt sich alles leicht übersehen, mit Kugelschreiber, Papier und Ergebnisliste läßt sich's mühelos kalkulieren. Ohne Zweifel: ein schneller Reifenwechsel hätte ihn kaum weiter als auf den dritten Platz zurückgeworfen. Lauda aber wollte in Fahrt bleiben, hatte er den Sieg doch schon greifbar in der Tasche.
Man muß sich einmal in seine Situation hineindenken. 70 Runden Brands Hatch sind eine Tortur. Ständige Überrundungsmanöver, Ölspuren, bremsen, Gas geben, schalten, driften, lenken, ein dritter Gang, der zeitweise

klemmte, und Scheckter, diese zähe Laus, der man in jeder Runde den Herrn zeigen mußte. Gönnte sich Lauda einige Atemzüge, rückte ihm die Laus schon wieder auf den Pelz. Dann wurde der Wagen im Heck komisch. Die Luft entwich. Lauda stellte zunächst seine Fahrtechnik um. Der Wagen begann immer stärker auszubrechen. Die Runden wurden eckig, die Zeiten langsamer. Schnell kam der Punkt, wo selbst mit allen Tricks die Rundenzeit nicht mehr zu halten war, die Scheckter gerade noch auf Distanz hielt. Langsam wußte er: der rechte Hinterreifen geht zum Teufel. Die Ferrari-Crew winkte und drohte und flehte, auf der Boxenmauer stehend: So komm doch rein! Lauda aber sah niemanden. Er war mit dem Wagen viel zu beschäftigt. Er fuhr wie ein Computer, der auf Sieg programmiert ist.
Dann kam der Nürburgring.
Jochen Rindt zum Zeitpunkt des Großen Preises von Deutschland 1970: das war sicherlich nicht der nervenstarke Fahrer, für den man ihn hielt. Rindt wirkte, als er damals nach dem WM-Titel zu greifen begann, weit hektischer, angespannter, unnahbarer als Niki Lauda zum gleichen Zeitpunkt in der Saison 1974. Dabei wurde der Druck auf Lauda von allen Seiten zunehmend stärker. Ein Schraubstock drehte sich langsam zu, Lauda aber, hart im Nehmen wie ein weicher Gummimensch, ließ sich nun kaum auf die Folter spannen. Er ist kein Hektiker, er läßt sich von Emotionen fast nicht beeinflussen, er ist ein durch und durch logisch denkender Mensch. Was aber durch seine ständig auf Empfang gerichteten Antennen auf ihn losprasselte, war eine Flut von Ereignissen, die er so ganz ohne weiteres nicht mehr abdrehen konnte.
Da war das saisonlange Polemisieren wider ihn von einem Teil der italienischen Presse. Die interne Kraftprobe mit Regazzoni in Monaco. Die Vorfälle in Brands Hatch, wo er gegen eine Mafia anlief, die ihm zwei WM-Punkte vorenthielt. Dann kam jenes Interview, das Emerson Fittipaldi einer italienischen Tageszeitung gab, in dem der Österreicher »wie ein Trottel« (so Lauda) hingestellt wurde. Am Nürburgring ließ er Fittipaldi über dessen Manager Domingo eine Warnung zukommen: »Sag ihm, er soll sich in acht nehmen. Wir sitzen alle im gleichen Boot. Eines Tages könnte auch ich auspacken ...« Lauda fühlte gegen Fittipaldi eine Aversion aufkommen: »Der ist so komisch geworden ...« Erst anläßlich des österreichischen Grand Prix wurde der kalte Krieg beendet. Fittipaldi beteuerte, man hätte ihm in dem besagten Interview die Worte verdreht.
Am Nürburgring sagten alle: »Diesmal wird Regazzoni gewinnen.« Niki hatte sich die siebente Pole-Position der Saison erkämpft. Am Sonntagvormittag saß er in der Ferrari-Box auf einem Reifen und sinnierte: »Ich glaub', Ferrari wäre es lieber, wenn diesmal der Regazzoni siegt!«

Gleich einem Seismographen hatte er wieder einmal alle Strömungen der Trainingstage registriert. Tatsache war, daß Regazzoni im Training mit vollem Tank 7 : 10,5 gefahren war, er selbst aber keine einzige Runde mit vollem Tank drehen konnte. »Wir machen das Sonntag vormittag«, hatte Ferraris Dr. Montezemolo gesagt. Sonntag aber durfte nur auf der kleinen Runde trainiert werden. Erst unter dem Druck einiger Teams ließ der Veranstalter zu, daß eine volle Runde genehmigt wurde. Regazzoni bekam nach einem Verteilerdefekt von Samstag auf Sonntag einen neuen Motor. Auch das mag Niki irritiert haben. Und bei der Einstellung des Flügels herrschte ausgerechnet an seinem Wagen Uneinigkeit, weil die schriftlichen Aufzeichnungen fehlten. Gewiß: alles schien nur Zufall, sicher steckte keine böse Absicht dahinter. Lauda war gewöhnt, bei jedem Rennen einen speziellen Gegner zu haben: Peterson, Scheckter, Fittipaldi. Daß es diesmal Regazzoni sein sollte, war ein völlig neues Fahrgefühl. Aber nur 30 Sekunden lang.

Am Start war er so ruhig wie nie zuvor: 94 Pulsschläge registrierte Günther Traub. Deshalb war das, was ihm unmittelbar nach dem Start widerfuhr, kein Davongaloppieren der Nerven. Chronologisch war es eine ganze Kette von Vorkommnissen, die seinen Crash herbeiführte.

Nummer eins: Als sein Ferrari aus dem Fahrerlager zu den Boxen geschoben wurde, stellten die Reifenspezialisten am rechten Vorderrad einen Defekt fest. Daraufhin wurde der Reifen gegen einen neuen ausgetauscht.

Nummer zwei: Das Feld durfte eine halbe Stunde vor dem Start eine Runde auf der 22,8 km langen Nürburgring-Nordschleife drehen. Dazu Lauda: »An manchen Teilen der Strecke begann es leicht zu nieseln. Es war für mich die erste Runde mit vollem Tank, deshalb fuhr ich betont vorsichtig und sehr unrhythmisch.« Lauda meinte, daß der neue Reifen unter den drei anderen so etwas wie ein Fremdkörper geblieben ist.

Nummer drei: Trotz seiner unheimlichen Ruhe am Start (»Die 94 Puls waren ein fabelhaft niedriger Wert«, Günther Traub) verhaute Niki den Start: »Die Drehzahl des Motors fiel mir zusammen.« Er schoß hinter Regazzoni und Scheckter erst als Dritter in Richtung Südkurve.

Daß Regazzoni so gut weggekommen war, hat Niki zu dem folgenden Gewaltmanöver veranlaßt. Seine Begründung: »Ich wußte, wie entscheidend die erste Runde am Ring ist. Ich sah mich plötzlich durch Scheckter von Regazzoni getrennt. Wollte ich den Anschluß an Clay nicht verlieren, so mußte ich Scheckter sofort überholen.« Der beste Platz: Die Nordkurve.

Als das Führungstrio über die Gegengerade auf die Nordkurve zuraste, schob sich Lauda ganz außen auf der linken Fahrspur neben Jody Scheckters Tyrrell. »Es war die erste Vollbremsung mit einer noch kalten Bremse«, ergänzte Lauda.

Nummer vier: »Der neue Reifen am rechten Vorderrad zog mich bei dem Ausbremsmanöver etwas nach rechts, weil er offenbar eine Spur besser haftete«, glaubte Lauda, »ich tuschierte Scheckter, und schon stieg ich in die Luft. Ich konnte vom fünften gar nicht mehr in den dritten Gang zurückschalten und segelte geradeaus in den Drahtzaun« – mit dem Heck voran.

Lauda hatte, wie es nun einmal sein Naturell ist, alles gewagt, aber diesmal alles verloren.

Regazzoni siegte im Großen Preis von Deutschland. Im Stile der Fußballer sprang man sich bei Ferrari vor Freude an die Gurgel, als wäre mit Regazzonis Sieg im Großen Preis von Deutschland ein ganz entscheidendes Tor gefallen. Kein Zweifel: Diese acht WM-Punkte, mit denen sich der Schweizer von Niki Lauda absetzte, waren acht Juwelen, etwas Unbezahlbares in diesem unglaublichen Ringen um den WM-Titel. Mit zunehmender Saison, mit Fortdauer des Kopf-an-Kopf-Rennens, geriet Lauda in die Versuchung, etwas erzwingen zu müssen. Lauda sagte: »Okay, es war ein Fehler, Scheckter an dieser Stelle auszubremsen. Ich hätte einige Faktoren berücksichtigen müssen. Aber wer sich in der Formel I schont, ist sofort vom Fenster weg ...«

Nach dem Nürburgring rutschte er hinter Regazzoni (44 Punkte), Scheckter (41), Fittipaldi (37) mit 36 Punkten auf den vierten Platz ab.

Erst in den Tagen des Österreichischen Grand Prix hatte Niki »seine alte Fröhlichkeit wiedergefunden«, wie seine Freundin Mariella preisgab. »Der Unfall auf dem Nürburgring«, erzählte sie, »scheint für Niki wie ein Gewitter gewesen zu sein. Die Atmosphäre ist gereinigt, ein Alpdruck weggeblasen.« Sie gab zu bedenken: »Die Hetzjagd der letzten Wochen, das ständige Herumreisen, das Theater von Brands Hatch und schließlich der Nürburgring, wo für Niki, der immer nach einem genau vorher festgelegten Plan operiert, plötzlich vieles schiefgelaufen ist, steigerten den Druck auf ein Höchstmaß. Aber er hat die bewundernswerte Gabe, sich schnell zu regenerieren, um dann wieder über sich hinauszuwachsen.«

Im Vorbeigehen warf Niki ein: »Also eines schwör ich euch, so eine Trottelei wie in der zweiten Kurve auf dem Nürburgring leiste ich mir auf dem Österreichring keinesfalls.«

Der spannendste Grand Prix, der je auf dem Österreichring lief, war für Niki Lauda und Zehntausende seiner Landsleute trotzdem ein enttäuschendes Rennen. »Noch ist nicht alles hin«, blinzelte der ausgefallene Lauda, als plötzlich auch Clay Regazzoni an der Box stand. Hoffnungen auf den

WM-Titel gab es noch immer. Als die Flagge fiel, stand der Argentinier Carlos Reutemann erstaunlich frisch auf dem Siegerpodest. Für Scheckter, Fittipaldi und Lauda schien es dieses Rennen gar nicht gegeben zu haben: Sie sahen alle keine Zielflagge, die WM-Reihung blieb unverändert.
Nach Kyalami, Jarama, Monaco, Zandvoort, Dijon, Brands Hatch und Nürburgring hatte sich Lauda auf dem Österreichring die achte Trainingsbestzeit der Saison gesichert. In einem letzten Gewaltstreich hatte er diesmal Carlos Reutemann die Bestzeit entrissen. »Niki«, brummte Reutemann, »muß in dieser Runde verrückt gewesen sein. Sein Glück: Fittipaldis Motor explodierte, mir war es nicht mehr möglich, seine Zeit zu unterbieten. Die Strecke war zu ölverschmiert.«
Bei Ferrari machte sich eine gewisse Torschlußpanik breit. »Ein Zwölfzylindermotor«, dozierte Mauro Forghieri, »verliert bei diesen tropischen Temperaturen vergleichsweise mehr von seinem Wirkungsgrad als ein Achtzylinder.« Mit anderen Worten: die Mehr-PS der Ferraris schmolzen im kochenden Vulkan der Österreichring-Arena wie Eistüten zusammen. Die Brabhams erwiesen sich bei Höchstgeschwindigkeitsmessungen auf der Geraden mit 285 km/h als die Schnellsten. In der ersten Reihe stand Lauda neben Reutemann, in der zweiten Fittipaldi neben Pace, in der dritten Scheckter neben Peterson. Regazzoni lauerte neben Hunt in der vierten Reihe.
Laudas erträumte Flucht nach vorn fand nicht statt. Reutemann übernahm die Führung, Lauda klebte in seinem Windschatten. Er versuchte bereits in der dritten Runde, Reutemann am Ende einer langen Geraden auszubremsen, wo man die Wagen von 280 km/h auf 160 km/h verzögert. Der Argentinier aber »machte ihm zu«, wie es im Fachjargon heißt. Laudas Zwölfzylinder baute bereits langsam ab. In der neunten Runde fiel Jody Scheckter, auf Platz vier liegend, mit Motorschaden aus. Er hätte von Cosworth einen Supermotor gehabt, deswegen der kapitale Defekt, munkelte man in den Boxen.
Reutemann, Lauda, Regazzoni, Pace, Fittipaldi und Peterson bildeten die Führungsprozession. Lauda sackte ständig weiter ab, zuerst war er Dritter, dann Sechster. In der 16. Runde stand er an der Box. Eine komische Szene wie in einem Stan-Laurel-Film rollte ab: Ein Mechaniker fiel mit einer Gießkanne über einen Preßluftschlauch, Forghieri stieß mit einem anderen zusammen, Montezemolo verscheuchte die Fotografen. Nur Lauda saß im Wagen, als ginge ihn die ganze Pantomime nichts an. Gewechselt wurde aber nur die Zündbox, nach einem Stop von 1 : 55 Minuten rauschte er ab. Eine Runde später stieg er aus: Motorschaden. Der zweite übrigens für Lauda an diesem heißen Wochenende.

Der Ford-Cosworth-Achtzylinder feierte in Zeltweg ein Jubiläum: Der Sieg Reutemanns war der 75. Grand-Prix-Triumph dieses bis heute erfolgreichsten Rennmotors aller Zeiten.
Der wilde Mann im Feld war zweifellos Carlos Pace, von seinen Kollegen »Gorilla« genannt. Er duellierte sich mit Peterson, Fittipaldi, Regazzoni. Als er Peterson passierte und Fittipaldi Motorschaden hatte, war er Zweiter. Zwei Brabhams lagen vorn, und Regazzoni fiel immer weiter zurück. Ein Reifendefekt zwang Clay an die Box. Zu früh legte der Schweizer den ersten Gang ein, das noch nicht festgezogene Hinterrad kreiselte vom aufgebockten Achsstummel und lief den Mechanikern davon. In einem schonungslosen Endspurt belegte Regazzoni noch den fünften Platz.

»Ich kann mich net aufhängen!«

Wir saßen im Ferrari-Transporter, der im Fahrerlager des Autodroms von Monza parkte. Der erste Trainingstag zum italienischen Grand Prix war gerade zu Ende gegangen. Nicht ein Ferrari, sondern ein Brabham unter Carlos Reutemann war mit 1:33,27 (223,09 km/h Schnitt) vorläufig Schnellster. Die Stimmung im Ferrari-Camp war gedrückt. Für Niki Lauda stand ein Schicksals-Grand-Prix vor der Tür. Das Gespräch, das ich mit ihm führte, hat ein Tonband protokolliert; gerade die unverfälschte Wiedergabe von Niki Laudas Sprache macht dieses Frage- und Antwortspiel zu einem überaus lebendigen Dokument dieser Tage, in denen die WM-Hysterie ihrem Höhepunkt zustrebte.
Frage: »Montezemolo sagte, du darfst Regazzoni, falls er am Ende des italienischen Grand Prix vorn liegt, nicht mehr überholen.«
Lauda: »Mir wurde nichts mitgeteilt. Ich persönlich arbeite für meinen Ferrari mit der Nummer zwölf, für sonst niemanden. Solange ich die geringste Chance habe, gerade dieses Rennen, das für mich so wichtig ist, zu gewinnen, werde ich alles versuchen.«
Frage: »Gesetzt den Fall, du gewinnst, und Clay bleibt ohne Punkte . . .«
Lauda: »Darüber brauch ma nicht reden. Im Moment ist das Problem nicht Clay, sondern die anderen. Wir haben hier vier Tage lang getestet, wir waren aber nicht einmal in der Lage, nach dem ersten Training Bestzeit zu fahren.«
Frage: »Nehmen wir trotzdem an, du gewinnst, Clay fällt aus, er hat dann statt zehn nur noch einen Punkt Vorsprung auf Lauda . . .«
Lauda: »Und wenn ich fünf Punkte hinten bin, gibt's keine Regelung. Ich würd' sagen, seid's deppert, in zwei Rennen bin ich wieder da. Das ganze Gequassel über Stallregie ist meiner Meinung nach null und nichtig. Der

drinnen sitzt, ist der Fahrer. Er entscheidet dann in einem Moment, der von der Boxenregie nie durchschaubar ist, was gemacht wird. Die Situation, ab der ich für Clay fahre, wann gibt's die schon? Du kannst mir einen Hammer raushalten, ich schau halt weg. Nur wenn meine WM-Chance gleich null ist, werde ich Clay helfen, denn mir ist lieber, der andere Ferrari wird Weltmeister als ein McLaren.«

Frage: »Daß Ferrari auf schnellen Kursen nicht alles in Grund und Boden fährt, ist doch der Beweis, daß die Überlegenheit der Ferrari nicht dort liegt, wo man sie vermutet hat. Die Ferrari-Fahrer, so meinten sogar Experten, brauchen nur Vollgas zu geben, mit ihren vielen PS können sie leicht schneller sein.«

Lauda: »Was die Trottel reden, ist mir wurscht. Unser wunder Punkt sind Hochgeschwindigkeitspisten, wo man nur Vollgas fährt. Dort sind wir ein bisserl hinten. Wir haben dort gewonnen, wo viele Kurven waren.«

Frage: »Und wenn dir der WM-Titel durch die Lappen geht?«

Lauda: »Ich hab' das ganze Jahr für mich gearbeitet. Ich arbeite jetzt noch härter, wenn's nicht geht, ich kann mich net aufhängen. Das Gestirn steht in diesem Jahr vermutlich schlecht für mich. Ich habe mir einmal von einem Astrologen so was ausrechnen lassen, ich glaub', für meine Saison mit March, und damals hat es gestimmt, alles stand für mich schlecht, und es wurde wirklich ein schlechtes Jahr. Ich müßte mir das auch für die Saison 1974 beschaffen. Ich versuche immer, mein Bestes zu geben. Ich falle aber dauernd wegen Blödheiten aus. Wenn ich mir fünf Fehler geleistet hätte, na bitte, soll halt ein anderer Weltmeister werden. Ich aber habe mir nur einen Fehler – auf dem Nürburgring – geleistet, meinetwegen, wenn man Brands Hatch dazuzählt, noch einen zweiten.«

Frage: »Die Hysterie für die WM scheint hier in Monza besonders groß zu sein.«

Lauda: »Ja, sicher. Es ist aber eine Hysterie für dieses eine Rennen, nicht für die Weltmeisterschaft. Die kapieren doch die Leute schon gar nicht mehr.«

Frage: »Eine Erklärung für Reutemanns Schnelligkeit?«

Lauda: »Vielleicht der Druck von Carlos Pace, der neu ins Team kam. Die Brabham machen keine Testfahrten. Sie sind aber plötzlich so schnell wie wir . . .«

Einen Tag später. Das Abschlußtraining war erregend wie eh und je. Noch einmal hatten die Ferrari-Techniker alles durchgerechnet, es galt weiche Reifen mit harten Flanken gegen harte Reifen mit weichen Flanken abzuwägen. Lauda trieb die Techniker bis zum äußersten: »Wir müssen alles versuchen und jedes Risiko eingehen.« Reutemanns Bestzeit aus dem Freitag-Training war für Ferrari die Faust im Nacken. Sintflutartige Regenfälle hatten in der Nacht auf Samstag die Monza-Bahn saubergewaschen. Die Reifen zeigten Gummiablösungen, denn die Sonne brach durch und heizte den Monza-Backofen in Glut.

Plötzlich schlug Niki Lauda zu. 1 : 33,16 plärrte der Lautsprecher. Neue Bestzeit.

Als Regazzoni sich zu Lauda in die erste Startreihe fahren wollte, zerplatzte sein linker Hinterreifen. Ausgerechnet in der schnellsten Kurve, in der »Curva Grande«, wo man mehr als 230 km/h fährt. »Ich schleuderte seitwärts bis aufs Gras, schlug aber nirgends an«, kommentierte der WM-Leader den Vorfall. Als Lauda davon erfuhr, lachte er: »Ach so, der Clay hat dort das viele Gras auf die Fahrbahn gebaggert. Ich wäre deswegen um ein Haar fast rausgeflogen.«

Lauda fuhr seinen 40. Grand Prix, Clay Regazzoni seinen 56. Am Vorabend des Rennens nahm Ferrari-Teammanager Montezemolo seine beiden Fahrer zur Seite. Ein intimes Gespräch unter sechs Augen. Zur Sprache kam folgendes: Niki sollte Clay, gegen Schluß des Rennens, falls Clay die Spitze hielt, nicht mehr bedrängen. Nikis Reaktion: »Ich muß wohl nicht richtig zugehört haben . . .!«

Günther Traub, sein Seelenmasseur und Fitneßspezialist, hatte mit seinem Schützling nach einem längeren Lauf noch Gymnastikübungen gemacht, so lange, bis Niki sagte: »Jetzt bin ich müde und möchte schlafen gehen.« Lauda lag um 22.15 Uhr im Bett, eineinhalb Stunden früher als Regazzoni. Traub nahm sich an diesem Abend auch Regazzonis an: Er massierte ihn und behandelte seine Halsentzündung. Traub zog Vergleiche: »Clay steht in Monza dort, wo Niki am Nürburgring war. Clay scheint mir etwas verspannter, nicht so locker wie Niki, dessen psychophysischer Zustand heute besser denn je ist.«

Sonntag nach dem letzten Vormittagstraining fuhr Lauda mit Traub per Motorrad ins Hotel zurück. Im Hotelzimmer absolvierte Niki ein autogenes Training. Er sagte sich immer wieder vor: »Mein linker Arm ist schwer, ganz schwer.« Oder: »Mein Körper ist ganz warm, die Wärme steigt empor, als würde ich im warmen Wasser sitzen!« Während er sich diese von Traub eingelernten Sätze vorbetete, schlief Niki ein — was auch Sinn und Zweck dieser Übungen sein sollte.

Nach einer Stunde weckte ihn ein Telefonanruf: Lucca Montezemolo rief Lauda in das Autodrom zurück. Goodyear, so erklärte der Teamchef außer Rand und Band, habe die schnellen Rennreifen zurückgezogen.

Günther Traub: »Das hat den völlig entspannten Niki auf Trab gebracht. Wir jagten mit dem Motorrad in weniger als sieben Minuten zur Rennstrecke. Ich mußte mich fest anhalten und habe mich nicht wenig gefürchtet.«

Daß Goodyear zweieinhalb Stunden vor dem Start eine Reifenmischung zurückzog, die nach den Erfahrungen des Trainings eine schnellere Rundenzeit garantierte, war eine Frage der Sicherheit. Nachdem Regazzoni am Samstag durch eine Gummiablösung in eine prekäre Situation geraten war, zeigte sich bei einem letzen Test Sonntag vormittag auch am McLaren von Denis Hulme eine Protektorablösung. Daß so kurz vor dem Start alle Goodyear fahrenden Teams links hinten auf härtere Reifen umgerüstet wurden, machte die Fahrer ganz konfus: Es war, als müßten sie plötzlich auf einem Klavier mit einer veränderten Tastatur spielen.

Nach langen Debatten wurden zwei Einführungsrunden von der Rennleitung genehmigt – die Leute von Firestone protestierten dagegen, das Mißtrauen war groß. Späher hasteten von Wagen zu Wagen und notierten die Nummern der Reifen. Hatte sich vielleicht gar wer erdreistet, einen jener Reifen zu montieren, die man aus dem Verkehr gezogen hatte?

Die Erregung war in diesen Minuten ziemlich groß, denn die Wagen mußten nach den zwei Testrunden nochmals vollgetankt werden. Darüber hinaus mußte man zwangsläufig die Flügel und Stabilisatoren verstellen, denn ein Formel-I-Rennwagen ist ein mimosenhaftes Wesen. Der Grand Prix wurde zur Reise ins Ungewisse.

Günther Traub verabreichte Niki Lauda schnell noch ein Gebräu aus Vitaminpräparaten und Salztabletten. Lauda nützte seine Pole-Position, der Start hätte gar nicht besser gelingen können. Carlos Reutemann, der in Zeltweg selbst einen Frühstart produzierte, murrte: »Niki schoß noch vor der Flagge davon.«

Als Lauda mit einem 3-Sekunden-Vorsprung aus der ersten Runde auf die Zielgerade kam, brach auf der Monza-Bahn ein unbeschreiblicher Jubel aus. In den nächsten Runden lief nur noch der Jubel schneller als Laudas Ferrari um den Kurs. Lauda: »Ich fuhr sehr konzentriert. Als Regazzoni nach zwölf Runden Zweiter war, erlaubte ich mir, den 7-Sekunden-Vorsprung zu halten.«

Reutemann stieg in der 12. Runde aus. Niki triumphierte ganze 29 Runden. Auf einmal kräuselte eine blaue Rauchwolke über dem Ferrari-Heck. Die Öltemperatur stieg immer höher, bis in den roten Bereich. In der 32. Runde – Lauda war bereits hinter Regazzoni auf Platz zwei zurückgefallen – rollte er zur Box, die widerlich blaue Ölwolke mit sich schleppend. Niki nahm den Helm ab, zuckte mit den Achseln, strich sich übers Gesicht und zog über die WM zum erstenmal in dieser Saison einen Schlußstrich.

Als Zuschauer entging ihm aber nicht, daß sich auch bei Regazzonis Motor irgendwas zusammenbraute. Abschließend meinte Niki: »Also die WM kann ich jetzt vergessen.« Im selben Atemzug aber bremste sich Regazzoni an der Box ein. In Italien wurde Nationaltrauer ausgerufen: Beide Ferrari sahen im »bedeutendsten Rennen des Jahres«, wie die Zeitungen posaunten, keine Zielflagge.
Anderntags wurde Lauda von der Presse zerrissen: er hätte den Motor überfordert. Dazu Lauda: »Ferrari hätte sich liebend gern dieser These angeschlossen, wäre sie nur wahr gewesen. In Wirklichkeit ist ein Wasserschlauch zwischen Motor und Chassis flötengegangen, weil er auf der Motorseite nicht fest genug angezogen war.« Kühlwasser lief aus, aber die Wassertemperaturanzeige blieb gleichmäßig auf 100 Grad stehen, weil der dazugehörige Fühler im seitlich montierten Kühler liegt. Als das Wasser immer weniger wurde, signalisierte der Sensor die im Kühler herrschende Lufttemperatur. Mit zuwenig Kühlwasser rieb sich der Motor fest – was durch die steigende Öltemperatur sehr schnell ersichtlich wurde.
Als Lauda am Tage nach dem Rennen ins Werk kam, wagte niemand in der Rennabteilung ihm die bittere Wahrheit zu sagen. Erst aus dem Munde des Commendatore erfuhr Lauda, was für eine Nichtigkeit ihn um den Sieg in Monza brachte.
Lauda, in Sternstunden und Niederlagen immer sehr gefaßt und cool, war damals erschüttert: »Das gibt's doch gar nicht. Nein, das darf alles nicht wahr sein.«
Als die Grand-Prix-Truppe sich zum Endspurt in Kanada und Watkins Glen fertigmachte, hatten noch fünf Fahrer theoretische Chancen auf den höchsten Titel: Regazzoni, 46 Punkte; Scheckter, 45; Fittipaldi, 43; Lauda, 36; sowie Monza-Sieger Ronnie Peterson (31 Punkte). Der Schwede hatte noch in Monza erklärt: »Echte Titelchancen rechne ich mir keine aus. Aber ich bin heute der einzige Fahrer, der in dieser Saison drei Grand Prix gewonnen hat!«
Das Ferrari-Team in den letzten beiden Rennen dieser aufreibenden Saison 1974: ein Marathonläufer, der über weite Perioden das Tempo diktiert hatte, im Endspurt aber von Wadenkrämpfen zermürbt wurde.
Noch einmal – in Kanada – gelang es Niki Lauda, alle Register zu ziehen und Fittipaldi den Auspuff zu zeigen. Auf dem Sand, den John Watson bei einem Dreher auf die Piste baggerte, rutschte der führende Lauda leider in die Leitschienen. Ken Tyrrell konnte sich die sarkastische Bemerkung nicht verkneifen, daß »ein Jackie Stewart den Sand eben gerochen hätte«.
Im letzten Rennen in Watkins Glen war in das gutgeölte Ferrari-Team längst soviel Sand geraten, daß Regazzoni zur Entscheidungsschlacht mit

einer stumpfen Waffe antrat. Die zwischenmenschlichen Beziehungen, die ein ganzes Jahr lang, nicht zuletzt dank des Teamchefs Lucca Montezemolo, erstaunlich gut waren, funktionierten nicht mehr. Eine scheinbar gefestigte Organisation brach unter dem Druck der Ereignisse zusammen.
Nur noch drei Fahrer hatten in Watkins Glen Titelchancen: der Sieger von Kanada, Fittipaldi, der 24jährige Südafrikaner Jody Scheckter und der 35jährige Schweizer Clay Regazzoni. Ausgerechnet jener Fahrer, der bis dato neunmal die Pole-Position herausgefahren hatte, der, mit seinem Ferrari Nummer 12 insgesamt 338 Runden lang an der Spitze liegend, das Tempo diktierte: der Österreicher Niki Lauda war im Grand Prix der USA bereits von der Titelentscheidung ausgesperrt.
Das Finale war für Lauda eines seiner deprimierendsten Rennen. Helmut Koinigg verunglückte mit seinem Surtees tödlich. Er war – höchstwahrscheinlich wegen eines Fertigungsfehlers in einem Reifen – von der Piste abgekommen und mit kaum 70 km/h gegen die Leitschienen geprallt, die, nur lose zusammengesteckt, für den talentierten Wiener zur Guillotine werden mußten.
Lauda und Regazzoni sahen keine Zielflagge. Ronnie Peterson gewann, aber Emerson Fittipaldi wurde Weltmeister. Der intelligente Brasilianer war diesmal nicht der strahlende K.-o.-Sieger von 1972, sondern eher ein nüchterner Punktesieger. Zweifellos profitierte er von den Problemen seiner schnelleren Gegner, anderseits bewiesen er und das McLaren-Team in der Entscheidungsschlacht Reife, Übersicht und Nervenkraft. Zweifellos: 1974 war das Jahr des Niki Lauda. Aber Weltmeister wurde ein anderer. 1974: das war ein Jahr, in dem Ferrari wieder siegen konnte – aber die Marken-Trophäe gewann McLaren.

Der zweite Anlauf zum Titel

Die Kehrtwendung von Barcelona

Es gab viele Stimmen zu Beginn der neuen Saison 1975, die meinten, Niki Lauda werde auch in diesem Jahr den Weltmeistertitel nicht schaffen. Tatsächlich schien es, als wäre Ferraris Überlegenheit von der Konkurrenz völlig egalisiert worden. Ein sechster Platz in Argentinien, je ein fünfter in Brasilien und in Südafrika; als der Grand-Prix-Zirkus nach Europa kam, hatte Niki Lauda ganze fünf WM-Punkte. Sogar Commendatore Enzo Ferrari hegte bereits Zweifel am neuen 312-T, jenem neuen Formel-I-Boliden, den Lauda bereits zwei Tage nach dem verlorenen WM-Finale im Oktober 1974 in Fiorino einem ersten Test unterzogen hatte. Beim Mittagessen beugte sich Enzo Ferrari zu Niki Lauda und fragte leise: »Ist unser neuer T-Wagen auch wirklich schneller?« Lauda legte Gabel und Messer zur Seite und versuchte, die Bedenken seines Chefs zu zerstreuen. Italiens Motorpresse meldete seit Wochen gegen den neuen Formel-I-Wagen Bedenken an.

Einige Tage nach dem Südafrika-Grand-Prix läutete nachts bei Dieter Quester in Wien das Telefon. Am anderen Ende meldete sich Niki Lauda aus Italien. Nikis Frage: Wo hat BMW früher für die Rennautos Titanteile anfertigen lassen? Quester reichte Lauda an den BMW-Versuchsingenieur Rosche weiter. Diese Aktion ist symptomatisch für viele Geschehnisse im Ferrari-Rennstall, die einzig und allein von Lauda ins Rollen gebracht werden. Er ist nicht nur Fahrer und Testpilot. Er ist die treibende Kraft hinter der Planung, der ruhende Pol, wenn die Wogen des Chaos über dem Team zusammenschlagen, er ist gleichsam die graue Eminenz.

Er spielte diese Rolle mit großer Intelligenz und Beharrlichkeit, mit all seiner Ausdauer und seinem Ehrgeiz. Fast alle seine Vorgänger sind in dieser Rolle gescheitert – zerstritten, ruiniert, unter den Pfiffen des Publikums verließen sie die Ferrari-Arena durch den Hintereingang. Die Kette der Gescheiterten beginnt bei dem Amerikaner Phil Hill, der 1961 auf Ferrari Weltmeister wurde, sie führt über John Surtees, Mike Parkes, sie reicht über Chris Amon, Mario Andretti bis Jacky Ickx und Arturo Merzario, und sogar Clay Regazzonis erfolgloser Abstecher in das britische BRM-Team im Jahre 1973 basierte auf einer Zwistigkeit mit Ferrari.

Seit die Überlegenheit von 1974 in den ersten Monaten des Jahres 1975 verschwunden war, seit wieder einmal die sieglose Zeit angebrochen war, sah sich das Ferrari-Team einem Dauerfeuer seitens der italienischen Presse ausgesetzt. Commendatore Enzo Ferrari fürchtet nichts so sehr als die Kritik der Presse. Oft genug hatte er sich unter ihrem Druck zu internen Fehldispositionen hinreißen lassen.

Als Niki Lauda plötzlich mit dem neuen 312-T das nicht zur WM zählende Rennen um die »Daily Express«-Trophy von Silverstone gewinnen konnte, nach einem Fotofinish mit Emerson Fittipaldi, war das Doping für Ferrari und Szenenapplaus für Niki Lauda in der Rolle der grauen Eminenz.

Dann kam Barcelona.

Der Grand Prix von Spanien, der mit einem Fahrerstreik begann und in einem tragischen Wirrwarr endete. Zurück blieb das Spiegelbild der Formel I: ein Schlachtfeld. Begraben wurde die Vernunft. Anzuklagen sind die Veranstalter, die Fahrer, die Rennställe samt Geldgebern – und die CSI.

Niki Lauda erklärte vor Trainingsbeginn: »Hier brauchst a Herz. Für diese Geschwindigkeiten hier müßte man viel mehr Raum und Fangzäune schaffen.«

Eine halbe Stunde später – man schrieb Freitag, den 25. April – traf sich ein halbes Dutzend Grand-Prix-Fahrer zu einer improvisierten Sitzung.

Fittipaldi rapportierte: »Die Leitschienen sind nicht verschraubt. Es fehlen Muttern, es fehlen Schrauben, es fehlen die Unterlegscheiben. Die meisten Schrauben lassen sich außerdem mit der Hand lockern.«

Fittipaldi stellte den Veranstaltern eine Frist: »Vorderhand wird nicht trainiert.« Lauda lenkte die Diskussionen in logische Bahnen: »Es geht nicht mehr darum, was man hätte tun können, sondern nur noch darum, ob wir fahren oder nicht.«

Der erste Trainingslauf findet nicht statt. In den Gehirnen von Ken Tyrrell und Bernie Ecclestone (Brabham) reift der Gedanke: Schicken wir die Mechaniker raus. Sie sollen die Schrauben einfach nachziehen. Rief Fittipaldi: »Macht euch nicht lächerlich. Das ganze System der Leitschienen ist schlecht. Das sind Attrappen!«

Jackie Stewart mischt sich ein: »Vergeßt nicht, 1969 haben die Leitschienen Rindt und Hill hier das Leben gerettet.« Inzwischen aber wurden die Leitschienen immer wieder zu Leidschienen.

Lauda prophezeit: »Jetzt wird's eine Kraftprobe mit den Konstrukteuren geben. Doch diesmal verlieren die Herren!« Lauda irrte.

Auf seine Anfrage an Dr. Montezemolo: »Übernimmst du hier für mich die Verantwortung?« erhält er die klare Antwort: »Nein!«

Als Freitag um 15.20 Uhr die Grand Prix Drivers Association beinahe vollzählig im Texaco-Bus zusammensitzt und keiner gewillt scheint, den Heldentod zu sterben, hat sich sogar Jacky Ickx – das prominenteste Nichtmitglied – als Zuhörer eingefunden. Ickx spielt den Desinteressierten. Er kaut Pommes frites und starrt zum Fenster hinaus. Die Wortführer sind Lauda, Fittipaldi und Hunt. Aber sie stoßen auf Widerstand. So entpuppt sich Mario Andretti als eigensinniger Gegenspieler.
Um 15.45 Uhr überbringen Lauda und Co. den anwesenden CSI-Leuten Le Guezec, Saliti und Ugeaux eine Botschaft: »Bescheinigt der GPDA, daß sich der Kurs nicht in dem von uns geforderten Zustand befindet.« Die CSI-Männer pflichten den Fahrern kollegial bei, rücken aber nichts Schriftliches heraus. Dafür lassen sie zu, daß die Rennleitung zum ersten Training aufruft.
Jody Scheckter beschwört Ken Tyrrell: »Wir sollten zusammenhalten.« Tyrrell eindringlich: »Ich frage dich, Niki Lauda, was wirst du persönlich morgen tun?« Lauda geht nicht direkt auf die Frage ein: »Wir können nicht den französischen Grand Prix von Clermont nach Paul Ricard verlegen und das hier gutheißen.«
In der GPDA macht sich Besorgnis breit, daß man sich einen Zweifrontenkampf aufhalst: nicht nur gegen die Veranstalter, sondern auch gegen die Rennställe. Um 16.43 Uhr nimmt Jacky Ickx ganz allein das Training auf. Der Grand-Prix-Troß war erstmals dort einquartiert, wo zirkusähnliche Darbietungen auch hingehören: in der Arena eines verfallenen Stadions.
Um 16.51 Uhr treibt March-Boß Max Mosley auch Vittorio Brambilla auf die Piste. Die GPDA startet eine Unterschriftensammlung. Lauda trommelt alle zusammen: »Wo diese Idioten nur herumlaufen ...« Das Schriftstück besagt: »Wir trainieren nicht, solange die Leitschienen nicht okay sind.« Mit Ausnahme von Ickx, Andretti und Donohue haben sich alle Fahrer schriftlich verewigt.
Am Samstag spitzen sich die Ereignisse zu. Eine Streckenbesichtigung zeigt, daß über Nacht einige tausend Schrauben reingesteckt worden sind. Doch eine perfekte Verankerung der Schienen an den vertikalen Streben war es noch immer nicht. »Trainiert doch wenigstens!« beschwört Montezemolo seine Fahrer. Regazzoni fühlt sich bis dato von Lauda zum Streik vergewaltigt. Es fehlte nur noch, daß der Österreicher bei den Abstimmungen die Hand des Schweizers hochgerissen hätte. Jetzt aber war sogar Regazzoni überzeugt, daß man auf dem Montjuich-Kurs nicht fahren sollte. Lauda, Fittipaldi, Hill und Scheckter wollen den Sportkommissaren und den CSI-Leuten einen Freibrief entlocken: »Gebt uns schriftlich, daß diese Strecke unsicher ist.« Die Rennstall-Chefs geraten langsam in Rage.

Ken Tyrrell platzt in die Beratungen des Viererkomitees und herrscht Scheckter an: »Ich erwarte dich in zehn Minuten im Cockpit.« Im Texaco-Bus beginnt für die GPDA die entscheidende Sitzung. Die Fronten sind abgesteckt: Für die Rennställe steht Geld, für die Veranstalter der Grand Prix, für die Fahrer und Zuschauer das Leben auf dem Spiel.
Um 15.00 Uhr sieht sich die GPDA bereits um zehn Streikbrecher geschwächt: Ickx, Evans, Wunderink, Brambilla, Lella Lombardi, Brise, Jones, Andretti, Donohue und Peterson waren fest gewillt zu starten. 16 Fahrer rotten sich enger zusammen. Noch hatte man die Majorität. Als Bernie Ecclestone draußen dem zufällig anwesenden Südafrikaner Guy Tunmer ein Brabham-Cockpit aufdrängte, war dies nur ein lächerlicher Schachzug – gemessen an jenem Handstreich, mit dem Ken Tyrrell und Konsorten dann die GPDA-Sitzung auflösten.
Der spanische Ex-Rennfahrer Alex Soler Roig (»ich war zum Mittelsmann verdammt«) brachte die Kunde in den Texaco-Bus, daß sich der Veranstalter diktatorische Schritte überlege: Lassen die Fahrer den Grand Prix platzen, werde man alle Rennwagen und Transporter beschlagnahmen.
In diesem Augenblick setzen die Rennstallmafiosi bei ihren Marionetten – den Fahrern – die Schere an: Wenn ihr auch jetzt noch aufbegehrt, dann schneiden wir euch ab. Rolf Stommelen erinnert sich: »Ihr hättet bloß sehen müssen, wie der Tyrrell den Scheckter am Kragen packte.« Nur Wilson Fittipaldi zeigte Courage. Als Lotus-Chef Colin Chapman den Kopf zur Tür reinstreckte und bescheiden fragte: »Kann ich mal mit meinem Fahrer [gemeint war Peterson] sprechen?«, herrschte ihn Wilson an: »Verschwinde!«
Lauda später: »Mir wurde sofort klar, daß die letzte Einigkeit zum Teufel war, als wir den Bus verließen ...« So unverschämt die Erpressung auch klingen mag, sie enthielt keinen wie immer gearteten Befehl zum Risiko. Anders gesagt: die Rundenzeit konnte sich jeder Pilot selbst bestimmen. Der Streik wurde somit in jenem Augenblick zur Farce, als Lauda & Co. um die Pole-Position zu bolzen begannen. Regazzoni stritt sich nachher mit Lauda: »Ich wollte zuerst nur ganz langsam herumfahren. Als ich aber deine Rundenzeiten sah, mußte auch ich reinhauen ...«
Nur einer ließ sich weder einschüchtern noch unter Druck setzen: Emerson Fittipaldi. Vom Publikum ausgepfiffen, von seinen Kollegen verlassen, drehte er demonstrativ einige langsame Runden, bloß um seinem Team Startgeld zu sichern. Er zog die einzig mögliche Konsequenz. Er startete nicht. Die GPDA hatte sich als Karnevalsverein demaskiert. Rolf Stommelen bekannte: »Nun haben wir unser Gesicht verloren.« Und Jochen Mass artikulierte: »Geld hat die Oberhand vor Moral.«

Niki Lauda, mit Fittipaldi die Gallionsfigur auf dem Kriegsschiff der Streikenden, versuchte seine Kehrtwendung zu rechtfertigen: »Nennt mich meinetwegen, was ihr wollt. Ich kenne Ferrari viel zu gut. Deshalb mußte ich mir die Konsequenzen genau überlegen. Ich werde nicht für's Herumstehen bezahlt. Am Ende der Saison könnten mir diese WM-Punkte von Barcelona fehlen. Ich hatte nur zwei Möglichkeiten: nicht zu fahren oder voll zu fahren.« Sogar Mariella war diesmal mit Niki nicht einer Meinung. Und Fittipaldi?
»Der konnte es verantworten. Ich nicht. Der hatte seinen Boß an der Hand. Ich nicht«, wand sich Lauda.
Obwohl Lucca Montezemolo bis zuletzt seinen Fahrern freistellte, zu starten oder heimzufahren (und somit die Alleinverantwortung auf seine Fahrer abwälzte), beweist eine Bemerkung von Ferrari-Chefingenieur Mauro Forghieri, daß Lauda instinktiv das Richtige tat: »Lauda ist unser Angestellter. Wenn er nicht fährt, wird er gefeuert.«
Festhalten aber sollte man eins: Der Alptraum, gefeuert zu werden, bestürzte die Fahrer mehr als der Gedanke, an einer Leitschiene zu zerschellen.
»Wieviel Koinigg-Unfälle soll es noch geben? Und was passiert mir, wenn ich hier Zuschauer verletze?« stellte Rolf Stommelen zwei Stunden vor dem Start zur Diskussion. Als ich ihn wiedersah, lag er auf einer Tragbahre, inmitten eines Schlachtfeldes, inmitten von Toten, Sterbenden und Schwerverletzten.
Lauda und Regazzoni waren längst aus dem Rennen.
Auf gleicher Höhe mit Regazzoni liegend, bekam Lauda unmittelbar nach dem Start, beim Anbremsen der ersten Haarnadelkurve, von dem hinter ihm nachdrängenden Mario Andretti einen Rammstoß. Daraufhin stellte sich Lauda quer und wurde von dem rechter Hand fahrenden Regazzoni abgeschossen.
Lauda stand also bereits als Zuschauer an der Box, als der Unfall passierte. Wie schon 1969 bei Rindt und Hill, hatte fast an derselben Stelle ein wegbrechender Heckflügel einen an der Rutschgrenze fahrenden Rennwagen aus der Bahn geworfen. Rolf Stommelen im Cockpit des Hill-Rennwagens hatte keine Chance mehr. Der Kölner führte zu diesem Zeitpunkt den spanischen Grand Prix an, hart attackiert von Pace. In der 25. Runde geschah der Unfall, in der 29. Runde wurde das Rennen abgebrochen. Jochen Mass, in der zweiten Runde noch Elfter, wurde zum Sieger erklärt.

Erstmals landete ein Jumbo-Jet in Nizza: Britische Rennfans schwärmten nach Monaco aus. Ein Sonderzug aus Graz transportierte 500 österreichische Schlachtenbummler an die Côte d'Azur. Die Zuschauer fielen wie die Heuschrecken in Monte Carlo ein. Doch von den Stars selbst war vorerst wenig zu sehen. Sie blieben im Untergrund.

Die Zeit, in der Rennfahrer ihr Startgeld noch im Casino verspielten und Nacht für Nacht von einer Party zur anderen hasteten, ist endgültig vorbei. Seit Emerson Fittipaldi einmal 15 Franc beim Roulette verlor, meidet er das Casino. Es ist nicht nur eine gewisse Knausrigkeit, die den heutigen Profi-Rennfahrer auszeichnet. Es kann sich einfach niemand mehr leisten, vor einem so schweren Grand Prix die Nacht zum Tage zu machen. Nur noch die Parties der Sponsoren werden zur »Pflichtübung«, wie Jochen Mass sich ausdrückt.

Ist der Monaco-Kurs sicherer als der Stadtrundkurs von Barcelona? »Keine Frage«, sagte Jody Scheckter, »weil Monaco einfach langsamer ist« (Andretti) und überdies »optimal abgesichert wird« (Lauda). »Die Veranstalter«, ließ Jackie Stewart wissen, »besitzen auch mehr Verantwortung als die Spanier.« Aber ungefährlich darf man den Kurs deshalb noch lange nicht nennen. Scheckter: »Bergauf zum Casino-Kreisverkehr oder bergab zur Schikane, dort fährt man einfach zu schnell ...«

Laudas Ansicht: »Ob langsam oder schnell, man kann sich in jeder Haarnadelkurve das Auto verstümmeln. Wenn jemand im Tunnel einen Kübel Wasser ausschüttet, haut's dich von der Bahn, weil du nichts siehst. Weder Wasser noch Öl ...«

»Für mich«, erinnert sich Jackie Stewart, der größte Monaco-Fan überhaupt, »war immer die Schikane die haarigste Stelle.«

Niki Lauda katapultierte im ersten Monaco-Training gleich zwei Ferrari in die erste Startreihe. Einer allerdings wurde von einer Leitschiene zusammengestaucht. »Mir ist ganz was Dummes passiert«, erzählte er, seinen Ärger unter der Maske eines frechen Grinsens verbergend, »beim Gaswegnehmen bin ich mit dem rechten Fuß unter dem Bremspedal hängengeblieben ...« Als sein Ferrari daraufhin in einer langsamen 80-km/h-Kurve die Leitschienen küßte und havariert die Strecke blockierte, senkte ein riesiger Kran bereits seinen Ausleger in Richtung des verbeulten Rennwagens.

Lauda sprang blitzschnell aus dem Cockpit, zusammen mit den Streckenposten schob er den Ferrari aus der Bahn in eine Nische: Der Kran war »Gott sei Dank« (so Lauda) zu spät gekommen.

Sofort nach diesem Zwischenfall lief er an die Box und sprang in jenen Ferrari, der bereits abgeschrieben dort parkte: Regazzoni hatte sich am Beginn des Trainings gedreht, worauf ihn der Surtees des Iren John Watson rammte. Lauda wußte nicht, ob an diesem Auto vielleicht gar lebenswichtige Teile der Vorderradaufhängung beschädigt waren. Nach zwei langsamen Runden gab er bereits Vollgas. Hatte er sich zuerst, bevor er die Leitschiene rammte, mit 1:27,16 (135,03 km/h Schnitt) die Pole-Position gesichert, so gelang ihm mit Regazzonis havariertem Wagen die zweitschnellste Zeit: 1:27,62. Regazzoni fuhr mit 1:27,70 die drittschnellste Runde. »Leider«, dämpfte Lauda den Applaus, »war unser Autoverschleiß diesmal abnormal hoch.«
In einem nervenzermürbenden Abschlußtraining mußte Lauda dann um seine Trainingsbestzeit kämpfen wie noch nie. Attackiert von Peterson, Scheckter, Pryce und Jarier, sah sich Lauda gezwungen, einen letzten Umkehrpunkt zu überschreiten.
Aus 26 Fahrern mußten sich im Abschlußtraining die 18 schnellsten herauskristallisieren. Dementsprechend wurde auch gehobelt. Peterson fuhr mit allen vier Rädern jenseits der Rutschgrenze. Scheckter brauchte die gesamte Straßenbreite. Pryce, 1974 noch der Formel-III-Star von Monaco, fuhr am verwegensten: Völlig querstehend umrundete er den Kreisverkehr vorm Spielcasino. Für Mario Andretti war die kürzeste Verbindung zweier Punkte eine Gerade, die oft nur um Millimeter an den Leitschienen vorbeizielte. Als Tom Pryce plötzlich 1:27,09 fuhr, wußte Lauda: »Jetzt muß ich nochmals raus.«
»So«, rief Niki dann nach seiner sagenhaften 1:26,40-Runde, »jetzt reicht's mir.« Und in einer stillen Minute gab er zu: »Das Crash-Risiko lag in der ersten Runde bei 80 Prozent.«
Wo kann überhaupt auf diesem Stadtrundkurs überholt werden? »Am besten wartet man, bis der Gegner einen Fehler macht«, behauptet Jody Scheckter. Andretti glaubt immerhin drei Stellen zu wissen, wo man überholen könne, Jackie Steward gab die beste Methode preis: »Man muß seinen Gegner so weit bringen, daß er sich einen Fehler leistet.«
Welche Taktik ist notwendig, um Monaco zu gewinnen? Scheckter ironisch: »Man muß einen Ferrari fahren.« Ferrari hatte alles Menschenmögliche unternommen, um dieses Rennen zu gewinnen. Auf der werkseigenen Prüfstrecke in Fiorano hatte man drei fünf Zentimeter starke Rohre einbetoniert, um die strapaziösen Wellen der Monaco-Straßen zu simulieren. Die Wagen verdauten problemlos drei Grand-Prix-Distanzen.
Erstmals wurde gestaffelt gestartet: Lauda rechts vorne, Pryce, sein Nebenmann, in der ersten Startreihe, um 12 Meter zurückversetzt, und so fort.

Diese Methode hatte den Pole-Position-Mann Lauda entzückt. Weniger erfreut war er, als die Flagge fiel. Da stand sein Ferrari genau auf der tückisch glatten Zebrastreifen-Bemalung eines Fußgängerüberganges. Resultat: Die Antriebsräder drehten durch.
In Anbetracht der regennassen Straße wurde das Rennen nicht auf die üblichen 78 Runden, sondern auf zwei Stunden anberaumt. Fittipaldi hatte sich einen Schwamm am Overall befestigt: »Das ist mein Scheibenwischer.«
Der städtische Autobus von Monaco pflegt kaum langsamer um die Spitzkehren zu fahren als anfänglich die Formel-I-Rennwagen. Ein verregneter Monaco-Grand-Prix — das ist etwa so, als würde man Rollschuhläufer aufs Eis schicken. Lauda sah sich zu Beginn von Peterson und Pryce bedrängt. Als er Ronnies Lotus formatfüllend im Rückspiegel sah, mußte Lauda Farbe bekennen. Daß er sich nicht den geringsten Fehler leistete, nirgendwo quer stand, kein einziges Mal verbremste, unter Ronnies Druck nicht nervös wurde, sondern dem Schweden sogar davonzog, war eine der makellosesten Fahrten, die Lauda je zeigte.
James Hunt war in der zwölften Runde als erster zum Reifenwechsel an die Box gefahren. Die Gummiwalzen begannen den Kurs langsam abzutrocknen, der Nieselregen hatte aufgehört. In der 21. Runde ergaben Stoppungen, daß sowohl Hunt als auch Jochen Mass, der unangemeldet in der 18. Runde stoppte und auf Slicks umrüstete, bereits schnellere Runden drehten als die Spitzengruppe. Lauda später: »Ich wollte den günstigsten Zeitpunkt zum Reifenwechsel abwarten.«
In der 24. Runde schien er ihm gekommen. Die Ferrari-Mechaniker schickten Lauda nach 33 Sekunden wieder ins Rennen. Die Lotus-Monteure vertrödelten bei Peterson unendlich viel Zeit: schlichte 100 Sekunden. Colin Chapman geriet darüber dermaßen in Wut, daß er einen Mechaniker anbrüllte, worauf dieser an Ort und Stelle kündigte.
Die Brabham-Crew fertigte Pace ebenfalls in 33 Sekunden ab. Lauda führte nach dem Reifenwechsel mit einem 30-Sekunden-Vorsprung auf Fittipaldi. Als ihm rundenlang Mark Donohue die Überrundung verwehrte, büßte Lauda mindestens zehn Sekunden ein. In den letzten Runden elektrisierte ihn ein schwankender Öldruck. Um den Motor zu schonen, fegte er ausgekuppelt um alle Linkskurven. Später wußte man: der Motor war bereits krank, der Öldruck am Zusammenbrechen.
Zu Beginn der letzten Runde wurde Lauda von seinem ausgeschiedenen Teamgefährten Regazzoni signalisiert, daß Fittipaldi plötzlich nur noch drei Sekunden hinter ihm lag. Doch das störte Lauda nicht im geringsten. Zu oft hatte er durch verbissenes Schnellfahren verloren. Nun aber hat er begriffen, wie man auch im Schongang Rennen gewinnt.

Dieser Monaco-Grand-Prix wird Lauda ewig in Erinnerung bleiben. Aus zwei Gründen: Erstens war die Belastung vor diesem Rennen unerträglich gewesen, die Schmerzgrenze war bereits überschritten worden. Tagelang haben Fans und Autogrammjäger Lauda bedrängt – bis wenige Minuten vor dem Start. »Der Wirbel ist ein Wahnsinn«, hatte Niki einmal kurz aufbegehrt. Und zweitens: Im Training war Lauda mehr als schnell gefahren. In dieser einen Runde, in der er sich die Trainingsbestzeit zurückholte, hatte er das letzte Quentchen Sicherheit über Bord geworfen.
14 Tage später.
In dem Kohlenbergbaugebiet von Zolder steigt der belgische Grand Prix.
Für Niki Lauda war es der 48. Formel-I-Grand-Prix seiner Laufbahn. Und wieder hatte er die Trainingsbestzeit markiert. Wurde die Bürde nach seinem Monaco-Sieg schwerer, der Zwang zum Erfolg verdichtet? »Nein«, antwortete er kühl und emotionslos, »die Bürde ist mir wurscht. Ich habe in Monaco wichtige WM-Punkte geholt. Nicht mehr, nicht weniger.« Er zieht nach jedem Rennen einen Schlußstrich; auf diese Weise wird eine Niederlage erträglich und ein Sieg nicht so verführerisch.
»Hier in Belgien«, plauderte Lauda, »ist alles viel ruhiger. In Monaco hörte ich tausendmal von allen Seiten, Ferrari hat hier zwanzig Jahre nicht gewonnen. Und als ich die Bestzeit gefahren war, forderten am nächsten Tag die italienischen Zeitungen: Der Lauda muß jetzt gewinnen. Er hat ja das beste Auto.«
Für das Abschlußtraining in Zolder hatte man ihm einen neuen Motor verpaßt. Wäre es nach ihm gegangen, so hätte er sich den Motor erst Samstag nach dem Abschlußtraining einbauen lassen. Laudas Begründung: »Hier zählt jede Hundertstelsekunde, deshalb brauche ich jedes PS.«
Als sich der Italiener Vittorio Brambilla in die zweite Startreihe fuhr, jubilierte March-Boß Max Mosley: »Eines ist gewiß, hätten wir die gleichen Geldmittel wie einige andere Teams, wir würden sie glatt besiegen.«
Brambilla im Nacken – das hat sogar den Trainingsschnellsten Lauda ein wenig irritiert. »Sag deinem Landsmann«, befahl er Dr. Montezemolo, »er soll am Start keine Blödheiten machen.« Brambilla, gelegentlich der personifizierte Wahnwitz, stand unmittelbar hinter Lauda, neben Regazzoni in der zweiten Reihe. Nicht nur Montezemolo beschwichtigte Brambilla, auch Max Mosley versuchte Vittorios Feuer auf Sparflamme zu drehen. »Ich weiß, ich muß endlich einmal ankommen. Ich brauche die Punkte, und ihr das Geld.« Brambillas Worte waren für Montezemolo und Mosley Baldrian, für Lauda aber »sicher in den Wind gesprochen«.
Der 4,2-km-Kurs von Zolder wurde durch den Einbau einer zweiten Schikane weiter entschärft. Sie zwingt die Fahrer, in den dritten Gang

herunterzuschalten. Wer sich verbremst, dem steht in dieser Links-Rechts-Passage immer noch ein Notausgang offen: ein schmaler Asphaltweg, der sich durch einen Drahtverhau windet.
Den Rennwagen so abzustimmen, daß er bei ständig leichter werdender Benzinlast auf einer ständig rutschiger werdenden Piste immer noch fahrbar bleibt — diese Vorausberechnung traf Lauda in Zolder wohl am besten. Er bremste überdies mit vollem Tank nicht so verrückt wie Pace und Brambilla. Nicht nur fahrerisch und von den Reifen her trennte sich die Spreu sehr schnell vom Weizen. Die Autos wurden immer unfahrbarer, weil auch die Bremsen nachließen. Dampfblasen krochen durch die Leitungen, denn die Geraden sind so kurz, daß die Bremsen keine Abkühlung mehr finden.
Lauda wurde mit zwei gefährlichen Situationen konfrontiert: Brambilla preßte sich in einer Innenkurve, den Sandstreifen benützend, an Lauda vorbei. Hätte Lauda nicht nachgegeben, wären beide rausgeflogen. Wilson Fittipaldi machte ihm beim Überrunden »zu«. Eine Kurve später revanchierte sich Niki: Er drückte den Brasilianer in den Sand hinaus. 23 Runden vor Schluß begann der Ferrari des Führenden Lauda wie eine Bröselmaschine zu tönen. »Ich wußte«, erzählte der Leader später, »jetzt wird's spannend. Der Motor verlor 400 Touren.«
An der Box verfiel Ferrari-Rennleiter Montezemolo zusehends. Die Monteure sprachen sich Trost zu: an sich dürfte der Motor in Ordnung sein, zweifellos ist eine der Auspufftüten gerissen. Runde für Runde fegte die Bröselmaschine, immer noch 260 km/h schnell, bei Start und Ziel vorbei.
Der Zweite, Jody Scheckter, kam nicht näher. Lauda im Ziel: verschwitzt, glücklich, übers ganze Gesicht strahlend: »Dieses Mal gab ich Gas bis zur Flagge. Damit nicht wieder italienische Zeitungen — wie nach Monaco — schreiben, ich hätte nur mit Glück gewonnen.«
Fittipaldi, zwischendurch Vierter, konnte seinen McLaren nur noch durch zeitgerechtes Gaswegnehmen und ruckartiges Zurückschalten verlangsamen. Petersons Lotus wurde völlig bremsenlos: Er mähte in der Schikane sieben Sicherheitszäune nieder. Ickx und Brambilla gaben mit wirkungslos gewordenen Bremsen auf. Regazzoni mußte beide Vorderreifen wechseln. Eine wieder einmal umständlich werkende Ferrari-Crew brauchte dazu 42 Sekunden, womit sie dem Schweizer einen Spitzenplatz vermasselte. Mit seiner imponierenden Aufholjagd hatte sich Clay aber wieder in die Gunst von Ferrari zurückgedriftet.
Niki Lauda übernahm in Belgien die WM-Führung. Mit 23 Punkten hatte er Fittipaldi und Carlos Pace um zwei Zähler abgehängt. Nach dem Rennen holte ich einige Meinungen über Lauda ein. Graham Hill sagte: »Niki fuhr unheimlich intelligent. Er ist derzeit klar der Beste.« Max

Mosley von March versicherte: »Als Niki 1973 für uns fuhr, hätten wir nie gedacht, daß unser Leihwagenfahrer ein zukünftiger Weltmeister ist!«
Lucca Montezemolo verkündete der Weltpresse: »Niki fuhr einfach himmlisch. Für mich ist er heute der beste Fahrer der Welt. Er hatte sein Ohr am Motor und seine Finger an den Reifen ...«
Als Lauda 1974 Zandvoort gewonnen hatte, urteilten die Experten: Kunststück, mit einem Ferrari hätte jeder andere auch gewonnen. Als Lauda in Monza 1974 weit in Führung liegend ausgeschieden war, war das Wasser auf die Mühlen der Kritiker: Ganz klar, wer so verrückt vorne wegfährt, der hat den Motor vergewaltigt. Als Lauda 1974 in Watkins Glen in Führung liegend auf Sand geriet, rümpfte Ken Tyrrell die Nase: »Ein Stewart ist er noch lange nicht.« Als Lauda unter schwierigsten Bedingungen in Monaco siegte, konnten sich Zeitungen nicht verkneifen, von »einem glücklichen Sieg« zu berichten. Was aber schrieb Italiens Anti-Ferrari- und Anti-Lauda-Magazin »Autosprint« unter ein Foto, das Brambilla in Zolder vor Lauda liegend zeigt: »Ferrari, dieses Foto merkt euch.«
Als Brambilla im Grand Prix von Schweden Trainingsbestzeit fuhr, grinste Lauda: »Jetzt z'reißens uns in Italien.« Anderstorp, das ist der »Hinterwäldler-Grand-Prix«. Gemessen an dieser Waldlichtung mit Flugplatz, erscheint einem sogar Knittelfeld mondän wie Monaco. Journalisten, die sich nie im Leben begegneten, pferchte man in ein Zweibettzimmer. Lauda schlief in einer lärmenden Ranch prinzipiell nur mit Oropax. Das Essen war so miserabel, daß Ferrari-Mechaniker eine Spaghetti-Feldküche eröffneten.
Das Training in Anderstorp lief für Ferrari nicht so, wie ein Training üblicherweise verläuft: Lauda fährt raus, kommt rein, man schraubt am Flügel, verstellt den Stabilisator, magert die Einspritzung ab, probiert einen neuen Satz Reifen, Bestzeit. Diesmal schüttelte Niki den Kopf: »Immer wenn der Forghieri mit dabei ist, gibt's einen Wirbel.« Der hektische, bebrillte Ferrari-Cheftechniker war für Schweden wieder einmal vom Innendienst am Reißbrett zum Dienst an die Front abkommandiert. Prompt lagen sich Lauda und Forghieri über technische Belange in den Haaren. »Eine Frechheit«, beschwerte sich Lauda bei Montezemolo, »wenn Forghieri zu mir sagt: ›Du bist nicht schnell genug gefahren.‹ Wo die Grenzen liegen, das weiß nur ich. Er steht bloß als Zuschauer an der Box.«
Schon in Barcelona hatte sich Lauda über Ferraris Chef-Chaotiker geärgert. »Du fährst auf der falschen Linie«, nörgelte Forghieri, »ich habe meine Beobachter an der Strecke.« Niki hellhörig: »Darf ich fragen, wen?« Forghieri: »Meine Tochter.«
In Anderstorp hatte das »Genie« (so Lauda) anklingen lassen: »Du kannst

doch auch Brambillas Zeit fahren.« »Wenn du glaubst«, konterte Lauda, »dann fahr diese Zeit doch selber.« Forghieri schlagfertig: »Gut, dann konstruierst aber du das neue Auto. Das schau' ich mir aber an.«

Genaugenommen passierte in Schweden 1975 das gleiche wie im Jahr zuvor. Damals lösten die Tyrrell das Rätsel Anderstorp am besten, diesmal die Ferrari. Jody Scheckter diskutierte einen ganzen Abend lang mit dem Tyrrell-Konstrukteur Derek Gardner. Jody suchte eine Antwort auf die Frage: »Was passiert am Chassis, wenn ich den Wagen in eine Kurve einlenke? Das Fahrgestell fühlt sich dann unentschlossen an, nach welcher Richtung es – sagen wir – zusammenklappen soll. In diesen Momenten kann ich nicht Gas geben, ich muß warten, ob sich der Wagen zu einem Unter- oder Übersteuern entschließt. Das kostet Zeit.«

Derek Gardner zeichnete auf Servietten und Speisekarten, er gab Patrick Depailler und Jody Scheckter einen Abendkurs in Kinematik. Woran es lag, daß Jodys Auto schon im Training so langsam war, konnte aber auch Derek Gardner nicht enträtseln.

Das Außergewöhnliche dieser 4 km langen Flugplatzpiste sind die u-förmigen, zum Teil leicht überhöhten Kurven, nur 130 bis 150 km/h schnell. Sie beanspruchen die Reifen nicht nur lange, sondern auf eine stupide, gleichmäßige Art, wie das auf anderen Pisten nicht vorkommt. Man lenkt ein, gibt Gas, dann schiebt der Wagen vorne raus, und man radiert dahin. Die Reifen heizen sich auf, verformen sich und verlieren immer mehr an grip.

Das Training in Anderstorp erinnerte an ein Nürburgring-Training. Nur dort wird für gewöhnlich mit Federn, Stabilisatoren, Flügeln, Spoilern und Reifen so viel herumexperimentiert. Was die Abstimmung betraf, so begab sich jedes Team auf eine Art Kreiswanderung. Man ging sogar so weit – wie Lauda –, daß man die Bodenhaftung der Hinterräder bewußt zerstörte, nur um die Untersteuerungstendenz auszumerzen.

Obwohl Goodyear die Reifenentwicklung nur noch mit der linken Hand vorantreibt, standen drei verschiedene Vorderreifen und zwei unterschiedliche Hinterreifen zur Verfügung. Ferrari wählte hinten die aus den Anderstorp-Testfahrten entwickelten 31er Reifen. Sie waren hart genug, um die Bodenhaftung des Hecks abzubauen. Das Handling des Autos mit der härteren Mischung war entsprechend nervös. Die meisten Fahrer entschieden sich einheitlich für die weichere Mischung, die schon in Monaco verfügbar war. An den Vorderreifen schieden sich die Geister. Ferraris Reifenwahl war somit völlig konträr, letztlich aber richtig.

Sonntag vormittag: Alle Fahrer stürmten mit vollem Tank auf die Piste. Nur einer steht an der Box, läßt sich feiern, gibt Interviews, im festen Glauben, diesmal gewinnen zu können: Vittorio Brambilla.

Lauda meinte, es wäre ein taktischer Fehler von Brambilla gewesen, dieses Training auszulassen. »Der Kurs hat sich nämlich insofern geändert, als heute die Untersteuerungstendenz größer ist.«
Daß Brambilla dann im Rennen nach 15 Runden schon einen Reifen wechseln mußte, war die Buße für diese Unterlassungssünde. Sein March war auf die Samstag-, nicht aber auf die Sonntag-Oberfläche der Piste abgestimmt. Immerhin, Brambilla trieb 15 Runden lang seinen March in führender Position um den Flugplatz. Er sah sich von Tom Pryce verfolgt, von Pryce, der schon in der Startrunde an die Boxen mußte, weil Sand in seinen Gasschieber geraten war. Mit einer Runde Rückstand hängte sich Pryce dann bei Brambilla an.
Das Tempo der Spitzengruppe Brambilla-Depailler-Reutemann-Jarier-Pace-Lauda-Hunt taxierte Lauda »als für mich mit den harten Reifen schnell genug. Ich kam gerade noch mit«. Als Brambilla out war, führte Reutemann vor Jarier-Pace und Lauda. Daß Jarier Motorschaden hatte, war für Lauda nicht unbedingt der große Glücksfall: Lauda hat doch später sogar jenen Piloten überholt, der vorher noch seinen Vorsprung auf Jarier hatte ausbauen können: Carlos Reutemann.
Unter Laudas Druck flog Pace eingangs der Zielgeraden aus einer Rechtskurve. Lauda wurde Zweiter.
Mit fortschreitender Renndauer wurden Laudas Rundenzeiten zwar nicht schneller, aber die von Reutemann sichtlich langsamer. Nikis Reifenrechnung begann aufzugehen. Wie er auf Reutemann Terrain gutmachte, wie schonungslos sich Regazzoni und Andretti bekriegten, wie Ronnie Peterson sich mit Mark Donohue befetzte, wie Neuling Tony Brise sich an Fittipaldi heranpirschte — der mit nachlassenden Bremsen kämpfte —, das waren die Glanzlichter dieses faszinierenden Rennens.
In der 59. Runde lag Lauda nur noch 2,5 Sekunden hinter Reutemann, Brise hatte Fittipaldi überholt, Mark Donohue die Schweden-Bombe Peterson entschärft: Ronnie lag bereits im Rückspiegel des Amerikaners.
Um Reutemann überholen zu können, mußte Niki am Beginn der Zielgeraden erst einmal in seinen Windschatten kommen. In der 69. Runde war es soweit: Niki pirschte sich in einer Rechtskurve so dicht an Carlos heran, daß er schon nach der halben Geraden seinen Ferrari aus dem Windschatten des Brabham reißen konnte.
Auf der öligen, von der Reifensoße überzogenen Bahn spielten sich haarsträubende Situationen ab. Fittipaldi stand nicht nur in den Kurven, sondern auch auf der Geraden quer, Jody Scheckter kämpfte mit einem inferioren Tyrrell in der Versenkung. Fragte sich Ken Tyrrell: »Wo der Hund lag? Wir wissen es nicht.«

Während Niki in den letzten Runden Reutemann davonlief, wurde in der Ferrari-Box Sekt eingekühlt.
Natürlich behauptete Reutemann im Ziel: »Meine beiden Hinterreifen gingen ein« — aber auch er hätte die härteren Reifen wählen können. Man kann es drehen und wenden, wie man will: Dieser Sieg in Schweden war für Lauda alles andere als ein geschenkter Gaul.
Als Lauda aus dem Cockpit stieg, sagte er »Wui«. Nicht mehr. Sein Gesicht war schweißgebadet. Er trank und trank, und der Rummel um ihn wurde lebensgefährlich. Sein nächstes Wort war ebenfalls kurz und bündig: »Scheiße«. Dieses eine Wort sagte alles: »Ich bin total fertig, es war herrlich, ich führe in der WM, ich bin gefahren wie ein Verrückter, laßt mich jetzt in Frieden.«
Der dritte Grand-Prix-Sieg en suite bereicherte Niki soweit, daß er nun mit einem 10-Punkte-Vorsprung auf Reutemann in der WM führte.
Zwei Stunden nach dem Rennen trafen sich Lauda und Fittipaldi. Ihre Flugzeuge waren bereits startfertig, so wurde es eine flüchtige Begegnung am Rande des Rollfeldes. Emerson gratulierte Niki: »Zehn Punkte, das ist gewaltig. Langsam mußt du mir wieder eine Chance geben, sonst ist mein Titel beim Teufel.« »Lieber Emerson«, strahlte Niki, »meine Rennen kommen doch erst, denk an Zandvoort, vergiß den Nürburgring nicht.«
Es war geradezu paradox, daß Lauda gerade jene Rennen, in denen er als haushoher Favorit an den Start ging, nicht gewinnen sollte.
Bei McLaren war man ziemlich deprimiert. Während man bei Ferrari im siebenten Himmel schwebte, sahen sich die nur auf Gewinn bedachten McLaren-Manager gezwungen, ein Sofortprogramm zu starten.
Lucca Montezemolo saß neben der Flugplatzpiste im Gras und sang immer neue Lobeshymnen auf sein Team, speziell auf Niki: »Ich war es, der ihn seinerzeit zu Ferrari holte. Dafür mußte ich viel Kritik einstecken. Heute aber ist Niki Lauda über jede Kritik erhaben. Ferrari ohne Lauda, Lauda ohne Ferrari, das wäre einfach nicht mehr denkbar.« Eines stand seit langem fest: Kein Ronnie Peterson, kein Jacky Ickx, kein Jody Scheckter und kein Brambilla hätten Ferrari aus der Misere dorthin hochgepeitscht, wo man 1975 stand. Dazu bedurfte es eines Niki Lauda.

Reife(n)prüfungen

»Die Ferrari werden vorne wegglühen«, prophezeite James Hunt vor dem holländischen Grand Prix in Zandvoort, »aber das Formel-Ford-Rennen gewinne ich.« Englands Top-Crash-Pilot der Formel I irrte. Er wurde in Zandvoort sogar Gesamtsieger.

In seinem Gesicht wetterleuchtete noch das Rennen, James war Stunden nachher noch überdreht wie ein Rennmotor. Er sprach schnell, sein Englisch war von jenem harten Schliff, mit dem sich die Nachrichtensprecher der BBC Gehör verschaffen. Er war »zu glücklich, um müde zu sein«. Er klagte über Kopfschmerzen, seine Drinks waren stark whiskyhaltig.

Hunt, der wie ein beatlemähniger Pop-Star aussieht, ist ein intelligenter Junge, auch wenn seine stupiden Unfälle das Gegenteil beweisen wollen. »Daß es ausgerechnet mir gelungen ist, Laudas Triumphzug zu unterbrechen, macht mich ganz rasend vor Freude«, betonte Lord Hesketh's Entdeckung.

Obwohl die Ferrari-Mechaniker den Reifenwechsel noch schneller als in Monaco durchexerzierten (25 Sekunden), obwohl Hunt um 9 Sekunden länger als Lauda an der Box stillstand, kostete das Umrüsten von Regen- auf Trockenpneus Lauda per Saldo mehr Zeit als den Briten.

Denn: Als sich Hunt zum Reifenwechsel einbremste, stand nur Jochen Mass an der Box. Als Lauda hereinkam, herrschte in der Boxenstraße bereits Hochbetrieb. Das Raus- und Reinfahren kostete den WM-Leader mehr Zeit als den Überraschungssieger. Ausschlaggebend aber war, daß Hunt, bereits auf Slicks fahrend, sieben Runden lang auf den noch mit Regenreifen bestückten Lauda-Ferrari Terrain gutgemacht hatte. Als Lauda mit Slicks wieder im Rennen war, konnte er Hunt nicht gleich voll angreifen. Die kalten Ferrari-Reifen mußten gegen aufgeheizte Hesketh-Pneus zumindest für einige Runden zwangsläufig den kürzeren ziehen und Zeit verlieren.

»Mein Risiko war«, erklärte Hunt, »daß ich mit den Slicks beim Überholen von der trockenen Fahrspur auf die noch nasse Spur ausweichen mußte. Dieses Risiko aber bin ich eingegangen.«

Lauda-Regazzoni staffelten sich am Ende des Rennens auf Platz zwei und drei, Lauda hatte seine WM-Führung von 10 auf 13 Punkte ausgebaut, aber dieses Zandvoort-Weekend war für den Österreicher kein ausgesprochenes Honiglecken gewesen.

Trotz Bestzeit im ersten Training gab sich Lauda verstimmt. »Was ist heute los?« stellte er seinen Leibmonteur Ermano zur Rede. »Ich komme zur Box, um die Flügel zwei Löcher tiefer stellen zu lassen. Was wird gemacht – nichts. Ich sag': Stabi härter, man stellt ihn aber weicher!«

Ermano wusch seine Hände in Unschuld: »Ich kann immer nur das tun, was mir Ingenieur Tomaini sagt.«

Lauda schüttelt den Kopf: »Wir haben ein ganzes Training verblödelt.«

Im ersten Trainingslauf sah er sich knapp vom Blitz verfehlt. Als er im 5. Gang mit ca. 250 km/h jener Rechtskurve entgegenflog, in der zwei Jahre

zuvor Roger Williamson verunglückt war, knickte die linke Hinterradaufhängung des Ferrari zusammen. Augenzeugen waren fassungslos, wie Lauda zaubern mußte. Die Diagnose der Mechaniker: Aus der Radaufhängung hatte sich ein Bolzen gelöst.
Daß die Zeiten von 1974 bei weitem nicht erreicht wurden, lag an den harten Reifen, die Goodyear für Zandvoort produziert hatte. Nach dem Reifen-Theater von Anderstorp ging man – völlig zu Recht – für das reifenmordende Zandvoort-Waschbrett keine Risken ein. Man hielt sich an die bisher bewährten Reifenkonstruktionen. Die Gummimischung war aber so hart, daß Jody Scheckter witzelte, man könne die restlichen Rennen des Jahres mit dem Reifensatz von Holland zu Ende fahren.
Geschwindigkeitsmessungen am Ende der Geraden ergaben, daß die Ferrari kaum schneller als die Konkurrenz liefen: Der Hesketh von Hunt kündete sein Mitspracherecht mit einer Spitze von 277 km/h bereits sehr deutlich an. Er war gleich schnell mit Lauda und Regazzoni. Einmal war Lauda allerdings mit 278,5 km/h gestoppt worden. Als er dahinterkam, daß die gemessenen Höchstgeschwindigkeiten sofort an einer Anzeigetafel publik gemacht wurden, gab er den Leuten, die den Heuer-Speedrecorder bedienten, einen Wink: »Ferrari-Zeiten dürft ihr nicht anzeigen. Gebt sie mir nachher handgeschrieben auf einer Liste.«
Lauda begründete diese Maßnahme: »Genau gegenüber der Anzeigetafel liegt die McLaren-Box. Unsere Höchstgeschwindigkeit gibt der Konkurrenz Anhaltspunkte über die Einstellung unserer Flügel, wenn sie obendrein auch noch die Rundenzeit heranziehen. Sie sollen gefälligst alle im dunkeln tappen.« McLaren-Teammanager Alistair Caldwell seinerseits wollte die Ferrari-Leute ärgern: Immer dann, wenn ein roter Bolide durch die Meßstrecke jagte, stocherte er mit einem Schraubenzieher vor der Fotozelle der Lichtschranke herum. Lauda erfuhr das und hielt für McLaren das nächste Foul bereit. Als ihn Teddy Mayer, der Teamchef, nach der Gummimischung fragte, auf der er die Pole-Position gefahren hatte, grinste ihm Lauda frech ins Gesicht: »Ich nahm die butterweiche ...«
Obgleich Lauda mit einem 10-Punkte-Vorspung auf Reutemann, einem 20-Punkte-Vorsprung auf Regazzoni ins Rennen ging, wurden bei Ferrari für den WM-Leader keine Fäden der Stallregie gezogen. Lauda: »Wenn ich dreimal im Rennen stehenbleibe, um aufs Klo zu gehen, dann müssen sie Clay nachher ein Zeichen geben, damit er auf mich wartet und mich vorläßt. Entweder Ferrari will, daß ich Weltmeister werde, oder Ferrari will nicht. Entweder man läßt sich was einfallen, oder ich muß die Sache vom Cockpit aus regeln ...« Lauda regelte: Am Schluß des Rennens lag sein Stallgefährte Clay Regazzoni 50 Sekunden hinter ihm.

Als Niki nach dem holländischen Grand Prix von einer Menschenlawine in die Ferrari-Box gespült wurde, hielt Teamchef Montezemolo, mit gebrochenem Bein nur bedingt bewegungsfähig, hof. Ferraris Chef-Hektiker hatte die Boxenausfahrt überqueren wollen, sein Weg aber führte mitten durch den wegschießenden Lotus von Ronnie Peterson.
»Warum, Niki«, flehte der invalide Montezemolo, »hast du drei Runden lang mein Zeichen BOX nicht beachtet? Du hast offenbar zu spät Reifen gewechselt, sonst wärst du jetzt Sieger.«
Lauda dachte einen Augenblick nach: »Also, ich hätte um keine Runde früher wechseln können. Für mich war es noch zu naß. Mir schien diese 13. Runde der optimale Zeitpunkt.« Erst später erfuhr ich von Lauda, daß der späte Reifenwechsel in Zandvoort einen tieferen Grund hatte: Niki war einmal mit den Regenreifen von der Ideallinie abgekommen, in einer Wasserlache hätte er beinahe die gesamte Bodenhaftung verloren. Der Schreck habe ihm genügt, er zögerte die Umrüstung auf Slicks noch etwas hinaus.
Für Lauda war dieses Rennen eine Reifeprüfung gewesen: Nur mit einem Gewaltakt hätte er den prächtig disponierten James Hunt vielleicht noch überholen können, »aber dann fiel mir ein, daß sechs Punkte besser sind als gar keine«.
Wäre Niki Lauda ein Bergsteiger, so könnte er sagen: Zandvoort war ein tückischer Überhang vom höchsten Schwierigkeitsgrad. Der WM-Gipfel rückte wieder ein Stück näher.
War Zandvoort für Lauda eine Reifeprüfung, so wurden die beiden nächsten Grand Prix für ihn zur Reifenprüfung. Bereits in Le Castellet, auf dem Paul-Ricard-Kurs, drehte er im Grand Prix von Frankreich den Spieß um: James Hunt wurde knapper Zweiter. In der letzten Phase des Rennens waren aber die Reifen des Ferrari »sterben gegangen«. Lauda, der vom Start weg führte, alles unter Kontrolle hatte, rettete sich 3,5 Sekunden vor Hunt über die Ziellinie. Niki verschmähte den Champagner für den Sieger und trank wie immer Mineralwasser.
13 Tage später fragte Lauda in Silverstone: »Wer hat eigentlich gewonnen?« Der Grand Prix von England war plötzlich von der roten Flagge beendet worden. Man sagte ihm: Wahrscheinlich »Fitti«, möglicherweise auch ein anderer. Die Rennleitung brütete lange. Es dauerte zwei Stunden, bevor man handgeschriebene Resultate rausrückte.
Die Brabham-Leute versteiften sich: Carlos Pace wäre der Sieger. Max Mosley wähnte in der ersten Aufregung seinen Vittorio Brambilla auf Platz zwei. Später, als die Seeschlacht von Silverstone längst rekonstruiert war, rechtfertigte sich die Rennleitung.

Man hatte einen Paragraphen aus dem Sportgesetz des Königlichen Automobil-Clubs (RAC) ausgegraben: Bei Abbruch durch rote Flagge zählt der Stand der vorhergehenden Runde. Nur deswegen konnte der einmalige Fall eintreten, daß der Zweite (Pace), der Dritte (Scheckter) und der Vierte (Hunt) gerade ihren Wracks entstiegen, während Emerson Fittipaldi sich in den Rundentabellen noch eine zusätzliche Runde gutschreiben ließ.
Genau 14 von 26 gestarteten Rennwagen blieben als Havarie liegen. Der Großteil sank während eines Wolkenbruches in einer einzigen Kurve: Club House Corner. Der Schaden war diesmal noch höher als bei der Massenkarambolage von 1973. »100 000 Pfund sind eher zuwenig«, schätzte March-Boß Max Mosley den Schrotthaufen, den die Monteure in ihre Transporter schaufelten.
In Silverston fehlte Jacky Ickx. Dafür feierte Hans Stuck sein Formel-I-Comeback. Die italienische Kaffeefirma Lavazza wartete das erste Training ab, bevor sie sich als Stuck-Sponsor demaskierte und den March mit ihren Reklameaufklebern verzierte. Jacky Ickx wiederum wartete die Erneuerung des Vertrages zwischen Lotus und John Player erst gar nicht ab: Er wollte angeblich erst wieder ins Lotus-Cockpit steigen, wenn es einen neuen, konkurrenzfähigen Wagen gibt.
Erstmals seit 20 Jahren fehlte BRM bei einem englischen Grand Prix. Der letzte Motor zerplatzte auf dem Prüfstand. Lord Alexander Hesketh lud zur Party. Blitze zuckten um sein 250 Jahre altes Schloß, als in den ehemaligen Pferdestallungen, wo sich in klinischer Sauberkeit die Rennabteilung einquartierte, ein goldenes Kalb umtanzt wurde: Heskeths neuer Formel-I. »Ist er nicht niedlich?« horchte James Hunt, der barfuß durch das Gewitter geflitzt war, in die Party hinein. Junglord Alexander säuselte hinter vorgehaltener Hand: »Der Neue kostete mich bereits 100 000 Quits« — das sind fast 4 Millionen Schilling.
An einem Schwarzen Brett der Hesketh-Rennabteilung hängen Kuriositäten: Der Psalm 23, flankiert von der Order, wie und mit welchen Mitteln die Rennautos poliert werden müssen.
Aber erst das Telegramm aus dem Buckingham-Palast rückt den Hesketh-Adel ins wahre Licht: »Ich hoffe, es war nicht meine Anwesenheit, die euch Pech bescherte. Viel Glück das nächste Mal — Philip.« Nachdem James Hunt in der Daily Express Trophy von Silverstone im Frühjahr 1975, auf Platz eins liegend, ausgefallen war, hatte Prinz Philip dieses Telegramm an Lord Hesketh adressiert. Niki Lauda hatte damals bekanntlich das Rennen gewonnen. Diesmal aber stand er neben Regazzoni »nur« in der zweiten Startreihe.

Hans Stuck überschlug sich nach den ersten March-Runden. Freilich nur an der Box, vor lauter Freude über dieses Auto: »Der Robin Herd müßte das Vorjahresmodell und den neuen 75er einmal fahren, damit er sieht, in welchem Vehikel wir 1974 gesessen sind.«
Die deutschsprachigen Journalisten gratulieren Max Mosley: »Fein, daß der Hans wieder fährt, wenn er auch nicht gewinnt, er liefert wenigstens Stories.« Bereits im zweiten Training war es soweit: In »Abbey« brach an Stucks Auto bei 250 km/h die Hinterradaufhängung. Und so war es denn auch »eine überirdische Macht« (Stuck), die ihn in der »Abtei« davor bewahrte, daß der March eine Leitplanke torpedierte. Robin Herd ließ sofort an allen March die Bolzen der Hinterradaufhängung durchleuchten. Stuck resümierte: »Zum drittenmal hatte ich jetzt einen solchen Defekt. 1974 Monaco und Monza, jetzt Silverstone.«
In der Wiese war der March wie wild gekreiselt, so daß Stuck »ganz schwindelig« ausstieg und abends »in der Unterhose noch Grashalme fand«, die durch die Bugschnauze angesaugt worden waren.
Schon der erste Regenschauer, in dem der führende Regazzoni von der Straße gespült wurde, stiftete Verwirrung. Die eigentliche Seeschlacht begann aber erst nach der 53. Runde. Jochen Mass erinnert sich: »Ich kam langsam zu Stow Corner, sah, wie sich Watson und Donohue drehten. Ich hab' aber das Wasser unterschätzt. Ich schlitterte endlos dahin.« Er legte einen Zaun um. »Ich Idiot«, schimpfte Mass, »bin aber noch ausgestiegen. Wäre ich sofort weitergefahren, hätte es WM-Punkte gegeben.«
Seine große Chance hatte Mass bereits in der 30. Runde verspielt. Zwei Plätze vor dem späteren Sieger Fittipaldi lag der Kölner auf Rang zwei, knapp hinter Scheckter, der zwei Runden später zum Reifenwechsel an die Box fuhr. Ein Dreher warf Mass jedoch auf den sechsten Platz zurück. Die Kollision mit Wilson Fittipaldi ließ Mass sogar auf Platz acht zurückfallen. Hans Stuck hatte sich schon in der 45. Runde abgemeldet: ein kleiner Ausritt, als er gerade auf Slicks fuhr.
Über Club House Corner senkte sich eine weiße Regenwand. Scheckter: »Ich fuhr höchstens 100 km/h und verlor die Bodenhaftung.« Wilson Fittipaldi: »Als ich beim Schrottplatz erschien, schrien alle um Hilfe. Brise und Henton saßen noch im Cockpit. Ich packte zu, plötzlich aber schlitterte Depailler an. So brachten wir uns schnell in Sicherheit.« James Hunt, der von der 35. bis zur 41. Runde führte, ein Auspuffrohr verlor, deswegen von Fittipaldi mühelos überholt worden war, krachte »im Fußgängertempo« als letzter drauf: Scheckter, Morgan, Brise, Depailler, Wilson Fittipaldi, Henton und Hunt retteten sich aus ihren abgesoffenen Kähnen.

Tom Pryce, der Pole-Position-Mann, saß bleich und verstört im Shadow-Bus: Er könne sich an nichts erinnern. Er war bereits in der 21. Runde als Spitzenreiter in »Becketts« von der Straße gesegelt.
Die Ferrari-Führungsspitze hatte sich in einen Wohnwagen zurückgezogen. Durch die flatternden Vorhänge wehten Fetzen einer lautstarken Diskussion heraus. Niki Lauda Achter, Clay Regazzoni Dreizehnter: Wann hatte es jemals in der neuen Ära mit völlig intakten Autos ein so enttäuschendes Resultat gegeben? Seit dem Regen-Grand-Prix von Monaco, spätestens aber nach Zandvoort, haben die meisten Rennställe den Boxenstop mit Reifenwechsel exerziert und perfektioniert. Ferrari aber ist auf jenen 25 Sekunden stehengeblieben, die in Monaco noch genügten, um Lauda das gewisse »Go« für den Sieg zu geben.
Die von Ferrari ohnehin schwer gedemütigte Konkurrenz steigerte sich zu neuen Sensationszeiten. Ken Tyrrells Crew kann vier Reifen in 11 Sekunden wechseln. Bestzeit 8,8 Sekunden beim Heimtraining.
Es ist kurios: Man investiert Millionen, um Wagen zu bauen, die auf einem 4-Kilometer-Kurs vielleicht um fünf Zehntelsekunden schneller sind, andererseits verschenkt man in einer so regenschwangeren Saison wie 1975 10 bis 60 Sekunden, weil jeder Reifenwechsel zu einer grotesken Pantomime ausartet.
Als man Lauda das Zeichen gab, abzurauschen, war sein rechtes Vorderrad noch nicht festgezogen, obwohl er bereits 30 Sekunden stillgestanden war. Schon im Training war Regazzoni bei einem Reifenwechsel samt dem Preßluftschlauch davongerast.
Daß in Silverstone mit Fittipaldi ausgerechnet jener Fahrer beim Abbruch vorne lag, der es genau wie Pace, Hunt und Mass riskiert hatte, während des ersten Regenschauers mit profillosen Slickreifen weiterzufahren, mag ein großer Coup gewesen sein. Diese Rechnung ging aber nur bei Fittipaldi auf. Der Rest ging baden.
Unmittelbar nach Silverstone reiste Niki Lauda nach Sardinien, um sich ein paar Tage zu entspannen. Er flog mit einer zweimotorigen Cessna »Golden Eagle«, die er vom Österreich-Importeur in einem Dauer-Charterabkommen samt Piloten zur Verfügung hat. Hans Kemetinger, ein früherer Jet-Pilot des österreichischen Bundesheeres, ist zugleich Nikis Fluglehrer. Auf der Mittelmeerinsel ließen sich die Ärgernisse von Silverstone leichter vergessen. In Maranello wurden ferrariintern einige Weichen neu gestellt.
»Man hat einige Kompetenzen schärfer abgegrenzt«, erklärte Lauda, »die Verantwortungsbereiche der Chefmonteure wurden neu festgelegt, so unterstehen sie jetzt im Werk nicht mehr den Werkchefmonteuren ...«

Ing. Tomaini, der in Silverstone Lauda das verhängnisvolle »Go«-Zeichen beim Reifenwechsel gegeben hatte, wurde mit neuen Vollmachten ausgestattet.
Lauda hatte schon vor Silverstone seine Monteure ermahnt: »Bitte, reißt euch noch zwei Rennen zusammen. Wenn wir in Silverstone oder am Nürburgring gewinnen, einmal noch punkten, sind wir über den Berg.«
Aber auch im Großen Preis von Deutschland reichte es nur zu vier WM-Punkten. Obwohl Niki im Training und im Rennen die Maßstäbe setzte. Wieder einmal.
Ferrari erschien mit Rennwagen am Nürburgring, die an ihren Achsstummeln neue Gewindeansätze besaßen, um einen Reifenwechsel zu beschleunigen. Denn die bisherigen jämmerlichen Boxenszenen waren nicht nur ein menschliches und ein organisatorisches Problem, sondern auch ein technisches: Die preßluftgetriebenen Abzieher griffen nicht schnell und exakt genug auf die Radmuttern.
Selbst der stets in Dur gestimmte Emerson Fittipaldi schlug düstere Akkorde an. Nirgendwo habe es noch im Training so viele »punctures«, platte Reifen, gegeben. Mit Sprungschanzen und materialmordendem Rumpelasphalt, mit Nebel, Regenschauern und hinterhältigen Ölspuren hatte sich der Nürburgring bisher seiner wahnwitzigen Rekordjäger entledigt. Manchen Fahrern raubt er die Orientierung, vielen bleibt er ein Mysterium. Früher brachen die Formel-I-Autos schon während des Trainings auseinander, diesmal retteten sich die metallenen Eintagsfliegen bis in den Rennnachmittag hinüber, erst dann zeigten sie Zerfallserscheinungen.
Die letzte Bastion, die 7-Minuten-Mauer, wurde im Training bereits zerstört. So griff der Nürburgring in Notwehr zu einer neuen Waffe: Er nahm die moosweichen Gummiwalzen aufs Korn.
Tag und Nacht umkreisen die Fahrer in Gedanken den Ring. Die Regel ist nicht der euphorisch gestimmte Hans Stuck, der von seinem Vater telephonisch gebremst wurde (»Bubile, fahr langsamer«), sondern eher der Jody Scheckter, wie er sich in folgendem Bettgeflüster offenbart:
Tyrrell: »Willst neue Reifen?« Jody: »Weiß nicht.« Tyrrell: »Also, neue Reifen.« Jody: »Verstellt nicht wieder das ganze Auto.« Tyrrell: »Vielleicht könntest du an dir einiges verstellen ...« Jody: »Scheiße. Ich muß hier ohnehin schon genug verdauen ...«
Nicht einmal die Tatsache, daß Jochen Mass glänzende 7:01,8 bewerkstelligte, trieb ihn aus seiner Igelstellung heraus. Niki Lauda ist das Gegenteil. Wie ein Arzt, der Patienten zu sich bittet, ordinierte Lauda im Ferrari-Wohnwagen, Schlangen von Journalisten (»einen nach dem anderen«) abfertigend. Selbst wer peinlichste Fragen stellte, wurde nicht vor die Tür

gesetzt. Die Zeit, die Lauda opferte, richtete sich nach der Bedeutung der Zeitung. Die »Bild«-Zeitung durfte länger mit ihm reden als etwa die Volkszeitung Trier, Rias-Berlin länger als irgendeine Parkwächterzeitung aus Koblenz. Peter Handke (»Die Angst des Tormanns beim Elfmeter«) sollte im Auftrag des deutschen Nachrichtenmagazins »Der Spiegel« vom angehenden Automobilweltmeister ein neues Porträt malen. Lauda über seinen Landsmann Handke: »Der hatte bis dato noch nie ein Rennauto gesehen.«

Selten lassen sich die Fahrer über das aus, was sich in jenen Runden abspielt, in denen es gilt, die 7-Minuten-Mauer zu schleifen. Lauda hatte schon früher kurz und bündig resümiert: »Der Ring is a Hund.« Treffender läßt sich diese 22,8 km lange Rennstrecke kaum charakterisieren. Als Lauda nach seiner epochalen 6:58,2-Runde den Helm abnahm, war er verschwitzt und abgewrackt wie ein Gaul, der soeben das Derby gewonnen hat.

»Ein Wahnsinnskurs«, empfand Lauda, »hier weiß man, wofür man bezahlt wird.« »Nach jeder Kurve hat man das Gefühl«, äußerte Jochen Mass, »sie wäre eigentlich viel schneller gegangen. Vor der Kurve allerdings ist man verunsichert.« Lauda fühlte sich von einem Hubschrauber verunsichert, »dessen fliegender Schatten mich immer wieder erschreckte«. Bei der Landung nach den Sprunghügeln »stoben die Funken bis in mein Cockpit«, fiel Lauda später ein.

Was immer an diesem Weekend am Ring passierte, die Sicherheitseinrichtungen bewährten sich, sogar die Zellen der Rennautos erwiesen sich dank ihrer Knautschzonen erstaunlich robust. Nirgendwo lief Sprit aus. »Trotzdem«, erhebt Niki Lauda Einspruch, »wenn man sieben Minuten fährt, dann entspricht der ganze Ring einfach nicht mehr dem Standard, den diese Geschwindigkeiten brauchen!«

Lauda hätte den Großen Preis von Deutschland gewonnen. Der Franzose Patrick Depailler machte sich zwar in seinem Rückspiegel groß, doch Lauda tat, was er schon vor dem Rennen deponiert hatte: »Heute heißt es die Führung übernehmen, dann langsam wegfahren, das Auto schonen.« Als er probeweise zulegte, wurde der blaue Tyrrell im Rückspiegel kleiner: »Ich wußte, Depailler kann ich halten, überdies wird der kleine Mann sowieso rasch müde.«

In der 10. Runde passierte es: »Mit einem Schlag platzte der linke Vorderreifen.« Auf der langen Geraden zertrümmerten die wegfliegenden Gummiteile auch noch den Bugflügel des Lauda-Ferrari. Diese 10. Runde hatte eine Ewigkeit gedauert: 8:51,4 Minuten, also um 100 Sekunden länger als die 9. Runde. In 21 Sekunden wechselten die Ferrari-Monteure den

zerfetzten linken Vorderreifen. Ein eiskalter Entschluß rettet Lauda noch den dritten Platz. Als die Ferrari-Monteure begannen, den Bug-Spoiler abzuschrauben – das hätte mindestens noch zwei Minuten gedauert – fuhr Niki gestikulierend dazwischen: Er preschte sofort weiter.
Carlos Reutemann war die Führung kampflos in den Schoß gefallen. Alle vor ihm liegenden Wagen schieden aus – Pace (Radaufhängungsbruch, Reifendefekt), Regazzoni (Motorschaden), Depailler (Radaufhängungsdefekt). Nach dem Boxenstopp war Niki froh, mit einem schlecht liegenden Auto noch Platz drei halten zu können.
Nicht weniger als 20 Reifendefekte im Training, ein halbes Dutzend im Rennen, nicht der »schleichende Plattfuß«, bei dem die Luft langsam entweicht, sondern der kanonenschußartige Reifenplatzer eliminierte diesmal das halbe Feld. Bei Jochen Mass: rechts vorne. Tempo 270, am haarigsten Streckenstück: die Fuchsröhre hinab.
»Bremsen konnte ich nicht«, sagte Mass, er war in der Startrunde dicht hinter Pace gelegen, Reutemann war hinter ihm. Breitseits ackerte der McLaren durch die erste Linkskurve, aber erst in der folgenden Rechtskurve hatte er sich ausgetobt.
Was Mass widerfuhr, stieß auch Fittipaldi zu: Links hinten, die Stelle war auch nicht gerade die günstigste. Der Sprunghügel, am sogenannten Pflanzgarten. Emerson war ganz aufgeregt: »I nearly crashed.«
Während Jochen Mass meinte, er könne nun langsam nicht mehr lachen, hatte Fittipaldi seine alte Fröhlichkeit wiedergefunden, als sich Lauda mit zerfetztem linkem Vorderrad an der Box einbremste. Fest steht: Am Nürburgring brauchen die Fahrer mehr Straße als sonstwo, sie driften bis in den lockeren Waldboden hinaus, sie baggern spitze Steine auf die Strecke, Glasscherben und Verschlüsse von Bier- und Colaflaschen durchstoßen allzu leicht den heißen, weichen Gummi. Höchstwahrscheinlich lagen auch Metallteile auf der Piste, die der explodierende Motor von Hans Stuck hinterlassen hatte.
»Du kannst nicht die Reifen verantwortlich machen«, behauptete Mario Andretti, »man müßte am Ring viel mehr erhöhte Bordsteine in den Kurven verlegen.«
Goodyears Gummimixer Bert Baldwin saß nach der Hitzeschlacht im Fahrerlager, vor ihm wurde gerade der Formel-I-Schrott in die Transporter gehievt. Goodyear hatte 1000 Reifen im Werte von 50 000 Pfund zum Ring gebracht, 300 wurden abgeschrubbt.
»In meiner zwölfjährigen Praxis habe ich so etwas noch nie erlebt«, behauptete Baldwin. Was den Nürburgring betrifft, so forderte er »einen jener Pistenstaubsauger, wie man sie auf großen Flugplätzen einsetzt«.

Carlos Reutemann erklärte nach dem Rennen, es wäre seit jeher sein größter Wunsch gewesen, einmal am Nürburgring zu gewinnen. »Im übrigen«, ließ Reutemann wissen, »ist Niki Lauda für mich bereits Weltmeister.«
»Blödsinn«, entgegnete Lauda, »ich fühl' mich erst dann als Weltmeister, wenn ich, mathematisch gesehen, nicht mehr einzuholen bin.«

Zum Titel fehlt ein halber Punkt

Die Situation vor dem Großen Preis von Österreich: Siegt Niki, ist er Weltmeister, wie immer auch seine Rivalen Emerson Fittipaldi und Carlos Reutemann abschneiden. Lauda ist aber auch Weltmeister, wenn er zumindest Sechster wird und die beiden Südamerikaner nicht vor ihm plaziert sind. Bleiben sowohl Lauda als auch Reutemann und Fittipaldi punktelos, ist Niki der WM-Titel noch nicht ganz sicher. Reutemann könnte den Österreicher dann in den zwei ausständigen Rennen – Monza und Watkins Glen – theoretisch noch überholen. Gewinnt Reutemann oder Fittipaldi, Lauda aber fällt aus, bleibt der Endspurt offen.
Lauda selbst brachte die komplizierte WM-Arithmetik auf einen einfachen Nenner. Schließlich kann er im Cockpit bei 270 km/h nicht zu kopfrechnen beginnen. Deshalb: »Ich werde mich bemühen, vor Reutemann und Fittipaldi herzufahren. Basta.«
Monaco und der Österreich-Grand-Prix, diese beiden Rennen waren für Lauda sicher die größten Zerreißproben der Saison 1975. Ganz Österreich wurde von den Massenmedien in einen Lauda-Taumel versetzt. Ihm selbst wurde das Ganze bereits peinlich. Der Wirbel um Lauda steigerte sich in Österreich zu einem Orkan. In Monaco war er noch ganz unten gestanden, sozusagen am Einstieg, der Gipfel lag unerreichbar und fern in den Wolken. Nun, in seiner Heimat, wollte er die letzten entscheidenden Schritte auf den Mount Everest des Autorennsports tun.
Lauda, von der Wochenpresse »der einsame Star« tituliert, lehnte alle Einladungen ab. »Ich geh' auf keine Partys. Ich geh' lieber schlafen.« Auch Carlos Reutemann verließ pünktlich um 21.30 Uhr seine Tafelrunde.
Für Lauda gab es kaum einen Platz mehr, wo er unbehelligt blieb. Sogar abends beim Essen platzte die Tür des Extrazimmers auf, und Niki sah sich einem Schwall von Autogrammjägern gegenüber.
Auch Emerson Fittipaldi sah sich umzingelt, als er aus dem McLaren-Transporter steigen wollte. Er hatte keine Chance, ganz allein stand er einer ganzen Division Autogrammjäger gegenüber. So begann er sich durchzuschreiben, einer nach dem anderen bekam seinen Namenszug.

Ein sechsjähriger Bub aus England schickte Lauda einen Brief, mit Buntstiften zeichnete er Ferrari-Rennwagen. »Diese Zeichnungen geb' ich dem Forghieri, vielleicht kann er sich was abpausen für unser neues Auto«, freute sich Lauda.

Fittipaldi kam tagtäglich mit Gattin von Klagenfurt zum Österreichring. Im Sabreliner-Jet des italienischen Millionärs Zanon. Am ersten Trainingstag war Fitti in Panik geraten, weil in Klagenfurt Bodennebel den Start verzögerte. Fittipaldi hatte sich für den österreichischen Grand Prix in Malaga gestählt. Als ich den McLaren-Chefmonteur fragte: »Was Neues am Auto?« antwortete er: »Ja, einen Piloten, der zehn Tage auf Urlaub war, das bringt fünf Zehntelsekunden.«

Unter den drei potentiellen Weltmeistern besitzt Fittipaldi den ausgeprägtesten Familiensinn. Man unterstellt ihm deswegen auch, daß er sehr bald mit dem Rennsport aufhören möchte.

Fühlte Fittipaldi vor diesem Österreich-Grand-Prix einen besonderen Druck? Emerson zuckte mit den Schultern. »Ich vermute, daß Niki unter größerem Druck startet. Im eigenen Land — ich kenne das — trägt man immer die größte Bürde.« Aber im selben Atemzug bekannte er: »Ich bin mir bewußt, was für mich hier auf dem Spiel steht.«

Weder Fittipaldi noch Reutemann machten einen resignierenden Eindruck. Reutemann wirkte selbstsicher wie nie zuvor. Von den dreien ist er zweifellos der sensibelste. Die Primadonna. Zu seinen Formschwankungen kam in dieser Saison noch, daß er sich in Schweden eine Infektion einhandelte, die ihm wochenlang zu schaffen machte.

Wenn Reutemann den Helm abnimmt, kommt ein Kopf wie aus Bronze gegossen zum Vorschein. Reutemann ist der Schönling in der Grand-Prix-Truppe.

»Ferrari«, sagte er, »hat heuer aus den letztjährigen Fehlern gelernt.« Er liebt den Österreichring. Wieso? »Das Grün, die Leute, die Bäume, den schnellen Kurs, einfach alles«, schwärmt er. Die superschnellen Kurven, wo man mit 270 km/h wenige Zentimeter an Leitschienen vorbeizielt, sind seine Domäne. »Ich habe hier überhaupt nur eine Möglichkeit, ich muß auf Sieg fahren«, bekannte Reutemann.

Bei aller Selbstsicherheit kamen aber dennoch Worte über seine Lippen wie: »Der Niki wird mir auch hier keine Chance lassen, der hat uns schon zu oft zusammengeschlagen.« In Anderstorp noch war Reutemann von der fixen Idee besessen: »1975 werde ich Weltmeister.«

Fittipaldi wurde einst als Wunderkind der Formel I apostrophiert. Selbst Jochen Rindt war 1970 von ihm hingerissen. »So virtuos wie Fittipaldi« hieß es damals. Emerson war nie ein Hasardeur, er bettete sein brasiliani-

sches Feuer stets in Eis. Maria Helena schwelgte: »Emerson ist ein Mensch, dessen ganzes Denken auf Goodwill ausgerichtet ist.«
Nach dem ersten Training war Reutemanns gute Laune verflogen. »Ich weiß nicht, was die jetzt alles am Wagen verändert haben«, murrte er. Niki Lauda würde darauf sagen: »Bist du wahnsinnig?« Lauda weiß über jede Schraube Bescheid, die in seinem Ferrari verdreht wird.
Als Lauda mit seiner Cessna »Golden Eagle« von Klagenfurt nach Zeltweg flog, war beim Start der Benzindruck abgefallen. Das hat Niki mächtig irritiert, denn diese »Golden Eagle« ist sein ganzer Stolz. Aber es liegt auch in seiner Natur, daß er alle Probleme analysiert und nach logischen Erklärungen sucht.
Peter Handke hatte über Lauda im Nachrichtenmagazin »Der Spiegel« fabuliert: »Laudas Leben ist von Techniken bestimmt, von denen eine die andere gibt: das Einschlafen vor dem Rennen ist eine Technik, und sogar im Urlaub muß er sich technisch verhalten: ›Ich kann nicht über die Felsen in Sardinien springen, weil ich mir ständig bewußt sein muß, mir nicht den Fuß zu verstauchen.‹«
Lauda liest alles, was über ihn in der Zeitung steht. Nicht alle Journalisten schwelgen in Superlativen. »In Italien«, giftet er sich, »hauen's mir auch noch anno 1975 gerne eine die Gosch'n.« Am Österreichring stellte er deswegen einen dickbäuchigen italienischen Journalisten zur Rede, der schrieb: Regazzoni hätte Lauda am Nürburgring derart unter Druck gesetzt, daß sich Lauda hinreißen ließ, bis in den Waldboden hinauszudriften, dadurch hätte er sich auch den anschließenden Reifendefekt eingehandelt.
Gegen solche Unterstellungen kämpft Lauda wie Don Quichotte, Zeitungen sind für ihn bisweilen Windmühlen. Lauda liebt die Wahrheit, gegen Verdrehungen »oder Blödheiten« ist er allergisch. Mit Peter Handkes »Spiegel«-Geschichte (»Das Öl des Weltmeisters«) wußte er nichts Rechtes anzufangen. »Mich hat nur gewundert, wie wenig da drinsteht. Dabei hab' ich mir zwei Stunden für Handke Zeit genommen. Dem gibt doch die ganze Rennerei überhaupt nichts. Am liebsten tät' ich jetzt ein Porträt über Handke schreiben.«
Als Lauda in Zeltweg erfuhr, daß die »Junge Generation« der SPÖ den Deutsch-Österreicher Harald Ertl sponserte, sinnierte er: »Auch bei mir klopften die politischen Parteien an, doch ich lass' mich nicht in den Wahlkampf einspannen ...« Seine Philosophie für den Österreichring: »Man wird noch einmal fest reinhauen müssen.« Mit anderen Worten: Lauda war gewillt, noch einmal einen letzten Umkehrpunkt zu überschreiten.
Fittipaldi wurde am Österreichring 68 Grand Prix alt, Reutemann fuhr

seinen 52., Lauda seinen 54. Formel-I-WM-Lauf. Laudas Schicksalstag begann mit einem fürchterlichen Unfall.
Sonntag vormittag. Ein letzter Test stand am Programm. Es war heiß, und die Formel-I-Rennwagen wurden mit voller Spritladung an Bord ein letztes Mal erprobt.
Plötzlich wurde es still in der Arena. Lauda fuhr zur Box, winkte mich zu seinem Cockpit: »Jetzt hätt's mich fast erwischt. Droben ist einer raus. Über die Leitschienen drüber. Peterson stand mitten auf der Straße. Ich kam voll herum, keine Flaggen, fuhr in die Trümmer rein ...«
Lauda hatte in einen Abgrund geblickt. So hatte ich ihn noch nie gesehen. Niki bebte. »Stell fest«, rief er, »wer dort rausgeflogen ist ...«
Wir liefen zur Rennleitung. Heinz Hofer, Teammanager von Roger Penske, ahnte schon Böses. »Mark fehlt«, sagte er. Die Rennleitung versuchte verzweifelt, die Streckenposten in der Hella-Rechtskurve per Telefon zu erreichen. Die Posten konnten nicht mehr antworten. Sie waren schwer verletzt.
Gerüchte flogen durch die Gegend. Erst nach zehn Minuten kam die Gewißheit: Es war Mark Donohue gewesen.
Um 9.43 Uhr war Donohue durch die Lichtschranke der Zeitnehmung gejagt. Zum letztenmal. Sekunden später passierte es. In der Hella-Rechtskurve, wo man 270 km/h schnell fährt, schlug der March linker Hand gegen die Leitschiene, um dann den Gitterzaun in einer Länge von 100 m aufzubügeln. Der Drahtverhau bremste, spulte sich um den Rennwagen. Die Drahtrolle wurde dann aber so groß, daß sie für den March zur Sprungschanze wurde. Er flog doch noch über die Leitschiene, riß das Stahlrohrgerüst eines Werbetransparentes nieder, blieb aber vor dem letzten Gitterzaun — der die Rennstrecke von einem Campingplatz trennt — vollkommen zerstört liegen.
Die Bremsspur des March deutete auf einen Reifendefekt hin. Lauda zu Journalisten: »Ich sag' nichts. Ihr habt's selber Augen im Kopf.« Was ihre Reifen betrifft, so wagen die Fahrer kaum jemals Kritik zu äußern. Es läßt sich auch schwer vereinbaren, im weltweiten Publicity-Feldzug einerseits Bannerträger zu spielen, anderseits die Gummiwalzen anzuklagen.
Goodyear selbst gab in einem Statement zu: »Im linken Vorderreifen entwich die Luft. Der Reifen wird untersucht.« An der Unfallstelle plädierte Lauda für die sofortige Erneuerung der Leitschienen. »Bevor das alles nicht wieder steht, dürft ihr kein Rennen fahren«, forderte Lauda. Rennleiter-Stellvertreter Peter Wieser rief seinen Bautrupp an Ort und Stelle. GPDA-Präsident Denny Hulme verlangte: »Die Werbetransparente müssen weg.« Ein Funktionär jammerte: »Das geht nicht, das ist bezahlte Werbefläche.«

Konterte Hulme scharf: »Was ist euch mehr wert, ein Menschenleben oder eure Fernsehwerbung?«
Drei Tage später war Mark Donohue tot. Man hatte ihn sofort nach seiner Einlieferung in die Neurochirurgie Graz operiert. Ohne das Bewußtsein wiedererlangt zu haben, starb er an einer Stammhirnprellung und -blutung.
Noch ein Todesopfer war zu beklagen: jener Hundeführer, der unterhalb dieser Kurve seinen Dienst tat. Ein Streckenposten erlitt schwerste Kopfverletzungen.
Unmittelbar nach Donohues Unfall zog Goodyear den eigens für Österreich entwickelten supersteifen 47er Reifen zurück. Alle Autos wurden auf die 26/27er Mischung umgerüstet. Was mit einem schweren Unfall am Vormittag begonnen hatte, endete später mit Abbruch und Streit.
Niki Lauda sprang aus dem Ferrari-Cockpit, das Auto dampfte, er riß den Helm vom Kopf und verschwand in der Box. »Was fehlt mir jetzt noch zur WM?« Die Antwort klang wie blanker Hohn: ein halber Punkt.
Der Grand Prix von Österreich wurde nämlich nach 29 Runden abgewinkt. »Man hätte ihn schon früher abwinken müssen«, rief Lauda, ihr habt keine Ahnung, was sich in der Sintflut draußen abspielte. Ich fuhr nur noch im dritten Gang.«
Der Überraschungssieger Vittorio Brambilla rutschte nach der Zieldurchfahrt vom Gaspedal ab und knallte auf der überfluteten Zielgeraden gegen die Leitschienen, daß die Funken sprühten. Chaos und Verwirrung, ein Niki Lauda, der selbst in dieser Situation nicht seinen Humor verlor: »Den halben Punkt werde ich auch noch schaffen.«
Als ich mit Lauda das Interview zur TV-Live-Übertragung machte, schrie Ken Tyrrell erbost dazwischen: »Das Rennen wird nochmals gestartet!«
Lucca Montezemolo bekam einen Schreikrampf. Niki grinste: »Wozu? Dann hätte man nicht abbrechen müssen.«
Bernie Ecclestone und Denny Hulme hatten die Rennleitung veranlaßt, ein schnelles Ende herbeizuführen. »Viermal war ich bei der Rennleitung, doch der deutsche Sportkommissar Schmitz wollte nicht abbrechen. Hätte er in der 27. Runde abgebrochen, dann wärst du jetzt Weltmeister«, ereiferte sich Lucca Montezemolo. Bei der Rennleitung waren erboste Debatten im Gang. Niki Lauda fuhr dazwischen. »Es wäre nett, wenn nun einer was sagen könnte, der gefahren ist, ihr alle seid doch bloß Zuschauer. Also, es war kriminell. Man hätte viel früher abbrechen müssen, betone ich nochmals. Viel früher!«
Herbert W. Schmitz wehrte sich: »Ich wollte euch die vollen Punkte sichern und erst bei 60 Prozent der gefahrenen Strecke das Rennen abbrechen.« Da aber in der 29. Runde abgewinkt worden war — von 54 ge-

planten Runden –, kam die 50-Prozent-Klausel zur Anwendung: die halben WM-Punkte für die ersten sechs. Lauda war hinter Brambilla, Hunt, Pryce, Mass und Peterson Sechster geworden.
»Niki, warum hast du nicht gekämpft?« schrieb eine Grazer Zeitung am Tage nach dem österreichischen Grand Prix. Die Fans mimten Enttäuschung, als der anfangs führende Lauda immer weiter zurückgefallen war. Weder Reutemann noch Fittipaldi hatten ihm diesmal Probleme aufgegeben. Die großen WM-Rivalen spielten nur eine Statistenrolle. Reutemann verbrauchte drei Motoren im Training, keiner war spritzig genug. Unmittelbar vor dem Start trat ein Leck im Benzintank auf. Die Monteure zerlegten einen Reserve-Brabham, bauten die Gummitanks aus, die Startverzögerung kam ihnen sehr gelegen.
Aber auch Lauda war über diese Verzögerung nicht ungehalten. In den letzten Proberunden mit vollem Tank trat etwas Alarmierendes ein: Sein linker Vorderreifen erhitzte sich zehn Grad über die höchstzulässige Grenze. Die Reifentechniker suchten nach einem neuen Reifen, der erst sorgfältig ausgewuchtet werden mußte.
Als Lauda in der sechsten Runde 2,6 Sekunden vor James Hunt lag, war Fittipaldi Siebenter, Reutemann gar nur Zwölfter. Die Ferrari-Leute hielten Lauda das Signal »Reutemann out« hinaus. Niki wußte – man hatte das vorher vereinbart –, daß von Reutemann keine Gefahr mehr drohte. Als der Regen immer stärker wurde, sah sich Lauda von Hunt überholt, und Brambilla ging dann an beiden vorbei. Ein voller WM-Punkt hätte Lauda unter dieser Konstellation zum Titel genügt. Freiwillig hätte er dieses Rennen nie aus der Hand gegeben, aber der Ferrari fuhr mit einer Flügeleinstellung, die zuwenig Anpreßdruck gewährleistete. Lauda hatte sein Auto für eine nasse, nicht aber für eine überflutete Piste vorprogrammiert.
Hätte er sich umbringen sollen mit einem Auto, das mit dem Aquaplaning schlechter fertig wurde als der March von Brambilla, der anfangs, als die Piste zwar naß, aber noch nicht unter Wasser stand, nur am fünften Platz einherfuhr. Daß Lauda selbst unter den gegebenen Umständen bis an die Grenze des Möglichen ging, geht aus einem Geständnis hervor, das er unmittelbar nach dem Abbruch machte: »Einmal hätt's mich erwischt. Wieder in der schnellen Rechtskurve, wo am Vormittag der Donohue raus ist. Ich fuhr bereits im dritten statt im fünften Gang, weil alles schon unter Wasser stand. Plötzlich wurde mein Auto steuerlos, ich war bereits im hohen Gras draußen, hart an den Fangzäunen . . .«
Der Dritte, Tom Pryce, gewiß kein Angsthase, hatte den Kopf geschüttelt: »Dieses Rennen war ein Wahnsinn.«
Die Debatten zogen sich aber noch weiter. Rennleitung, Sportkommissären

und Zeitnehmung lag der Abbruch im Magen. Es ging um die zu wertende Runde. Möglicherweise hätte ein von Ferrari zeitgerecht eingebrachter Protest Niki Lauda bereits am Österreichring zum Weltmeister stempeln können, hätte sich nämlich herausgestellt, daß nicht die 29., sondern die 27. oder 28. Runde zu werten gewesen wäre.
Ferrari hatte versäumt, in diese umstrittene Sache einzuhaken. Es begann damit, daß Harald Ertl bei der Rennleitung anfragte, weshalb er nicht klassiert wurde. Draufhin zogen sich die maßgebenden Herren zu einer Beratung zurück, die aber nur mehr rein akademisch war. Die Protestfrist war längst verstrichen.
Als Rennleiter Toni Wieser die karierte Flagge schwang, habe er sie nicht dem führenden Brambilla, sondern zuerst den Nachzüglern Stommelen, Scheckter, Fittipaldi gezeigt, die in ihrer 27. (Stommelen) bzw. 28. Runde (Fittipaldi, Scheckter) waren. Zu diesem Zeitpunkt war der führende Brambilla bereits unterwegs zu seiner 29. Runde, die er dann auch vollendete. Da Stommelen sofort stehenblieb, erhebt sich die Frage, ob man nicht jene Runde als Schlußrunde für das Endklassement heranziehen hätte müssen, in der alle Konkurrenten von der Rennleitung noch freie Fahrt hatten: die 28. Runde des Vittorio Brambilla.
In Silverstone war die Situation ähnlich gewesen. Dort allerdings wurde der Grand Prix nicht wie in Österreich mit der karierten, sondern mit der roten Flagge beendet. Was in England heißt: Die vorhergehende Runde ist die Schlußrunde. Ein mit 28 Runden beendeter Grand Prix von Österreich hätte Lauda noch auf Platz fünf gehabt, weil er erst in der 29. Runde von Ronnie Peterson überholt worden war. Platz fünf sind zwei WM-Punkte, da nur die halben Punkte vergeben wurden, hätte Lauda in Zeltweg mit einem vollen Punkt sein Konto auf 52 Zähler erhöht. Aber wo kein Kläger, da ist auch kein Richter.

Selbst der Himmel stand habt acht

Blättert man zurück bis zu jenem Formel-I-Startfeld, in dem Lauda 1971 auf dem Österreichring seinen ersten Grand Prix bestritt, so wird man feststellen, daß sich diese Elitetruppe vollkommen regeneriert hat. Lauda ausgenommen, sind heute nur noch fünf Fahrer aktiv, nur vier besitzen in der Formel I noch einen Logenplatz: Fittipaldi, Regazzoni, Peterson und Stommelen. Der Rest ist tot, zersprengt, abserviert.
Josef Siffert verunglückte wenig später in Brands Hatch tödlich. François Cevert starb 1973 in Watkins Glen, am Ende dieser Saison gab Jackie

Stewart seinen Rücktritt bekannt. Die Karriere des Jacky Ickx scheint zu Ende. Tim Schenken ist in der Formel I »out of money«. Graham Hill nahm 1975 endgültig den Helm ab. Denny Hulme hörte Ende 1974 auf. Reine Wisell ist in der Formel I gescheitert. Henry Pescarolo und Howden Ganley konnten sich in der obersten Spielklasse nicht durchsetzen. Nanni Galli hat den Rennsport längst aufgegeben. Peter Gethin kommt nicht mehr zum Zug. Helmut Marko kann zwar immer noch sehr schnell Auto fahren, doch die Sehkraft eines einzigen Auges würde nicht ausreichen, um dem Grazer im Spitzenrennsport seine alte Konkurrenzfähigkeit zu sichern. John Surtees baut Rennwagen, Mike Beutler ist von der Bildfläche verschwunden, Jo Bonnier verunglückte in Le Mans tödlich, und Jackie Oliver, der mit Lauda damals die letzte Startreihe teilte, fährt in den USA Rennen.

Lauda, der Neuling von damals, zählt heute bereits zu den Senioren.

Über seine Gegner äußert sich Lauda höchst selten. Kritik oder Urteile behält er für sich.

Wegen James Hunt wollte er einst aus der Grand-Prix-Driver-Gewerkschaft austreten, denn Hunt ließ seinen Wagen während eines Britischen Grand Prix ausgerechnet in der gefährlichsten Kurve von Brands Hatch stehen, »womit er alle Sicherheitsbestrebungen verhöhnte«.

Im Rad-an-Rad-Duell mit Jean Pierre Jarier stellte Lauda 1975 in Zandvoort fest, »daß der Bursche Blödheiten macht, die ich mir nicht einmal in meiner Anfangszeit geleistet habe«. Er weiß, bei wem er im Mann-gegen-Mann-Kampf aufpassen muß: bei Brambilla, Jarier, Wilson Fittipaldi, vielleicht auch noch bei Tom Pryce. Aber er würde nie öffentlich über seine Gegner herziehen, auch wenn sie ihm so übel mitspielen wie Wilson Fittipaldi beim Überrunden. Niki geht mit seinem Schmäh darüber hinweg. Er würde zu Wilson sagen: »Na, du Indianer, was gibt's Neues im Urwald?«

Seine Mechaniker mögen ihn. Allein schon wegen der nicht zu unterschätzenden Tatsache, daß er ihnen Siege, sprich: Prämien schenkt.

Wenn Lauda einen Grand Prix gewinnt, dann liefert er umgerechnet rund 350 000 Schilling an Ferrari ab. Fünfzig Prozent davon gehören laut Vertrag ihm, fünf Prozent werden für die Mechaniker ausgeworfen.

Ferrari engagierte ihn 1974 zu einem Jahresfixum von umgerechnet zwei Millionen Schilling – Fittipaldi verdiente bei McLaren fast das Doppelte. Aufgrund seiner fabelhaften Leistungen stand Lauda für 1975 eine entsprechende Gehaltserhöhung ins Haus. Wenn schon vom Geld die Rede ist: ein Jackie Stewart ist der Österreicher noch lange nicht. Stewarts Jahreseinkommen wurde 1972 auf etwa 15 Millionen Schilling geschätzt. Laudas Jahresverdienst dürfte ein Drittel dieser Summe betragen.

Er selbst sagt: »Ich muß nicht unbedingt ein Onassis sein.« Seine Ansicht zu diesem Thema im Juli 1975: »Für mich ist momentan nicht das Wichtigste — sagen wir — eine Million Schilling zu verdienen, das wäre kurzsichtig. Ich kann nur dann auf lange Sicht Geld verdienen, wenn meine sportliche Leistung gegeben ist. Mit Schmäh und Krampf ließe sich kurzfristig eine Menge Geld machen, wenn ich mir sage, du bist der Weltmeister, du bist der Größte, alle rennen dir nach, schmeißen dir die Mille nach, aber plötzlich bin ich gar kein Weltmeister, und im nächsten Jahr auch nicht und später auch nicht. Deshalb verzichte ich jetzt lieber auf die Million und schau', daß ich sportlich gesehen meine Leistung halt' . . .«

Lauda wird immer wieder mit einem Computer verglichen. Tatsächlich verläuft sein ganzes Leben in vorprogrammierten Bahnen, von denen er sich keine Abweichung genehmigt. Seit Jahren hat er längst alles aus seinem Leben streichen müssen, um ein Ziel nach dem anderen zu erreichen.

Der Weg nach oben muß zwangsläufig in einem Vakuum enden: er hat alles erreicht und dafür bezahlt. Lebensform, Muskeln, Horizont und Sprache trimmten sich wie eine Kompaßnadel auf das Ziel aus. Es fehlen intime Freunde, man hat nur noch Geschäftspartner, Gegner und Neider, aber dafür einige Legionen Fans.

Wenn man Mariella Reininghaus einmal ausklammert (»ohne sie wäre ich menschlich zurückgeblieben«, so Niki), Mariella, die seinen Aufstieg als ergebene Seilgefährtin mitmachte, so wird es in Laudas Leben kaum einen Menschen geben, der eine so tragende Rolle spielt wie Dr. Lucca Montezemolo.

Am 1. Juli 1973 hatte Montezemolo, der an der Columbia Universität Rechtswissenschaft studierte, mit der Reorganisation des Ferrari-Rennstalles begonnen. Der junge Advokat hat es verstanden, mehr Einfluß und Vollmachten von Enzo Ferrari und Fiat loszueisen als alle seine Vorgänger zusammen. Mit und über diesen Italiener setzt Lauda alles, was er will, im Rennstall durch. Montezemolo ist gewissermaßen Laudas Garant, daß die Mühlen der Ferrari-Intrigen nicht das kleinste Stückchen Lauda vermahlen.

Laudas Popularität im deutschsprachigen Raum, speziell in Österreich, schnellte erst Mitte 1974 gewaltig in die Höhe. Wie jede profilierte Persönlichkeit hat aber auch Lauda nicht nur Bewunderer, sondern er mobilisiert gerade in den Reihen der reinrassigen Motorsport-Fans eine Gegnerschar. Dieter Stappert, Starschreiber der Schweizer Rennsport-Postille »Powerslide«, muß zugeben: »Wir kriegen eine ganze Menge Anti-Lauda-Briefe. Mit Jackie Stewart war das ähnlich!«

Als die Scuderia Ferrari am 4. September 1975 in das Autodrom von

Monza einzog, wußte man: »Wenn wir hier nicht gewinnen, bringt man uns um.«
Lauda war nicht gerade selig, als man Clay Regazzoni für das Rennen einen um 10 PS stärkeren Motor versprach, er hatte wieder einmal alle Antennen ausgefahren, und aus der Monza-Hysterie filterte Lauda sehr deutlich etwas heraus, das ihn eine Zeitlang ärgerte: Clay Regazzoni, der halbe Italiener, wurde diesmal von Ferrari auf Sieg gespielt. Je näher das Rennen kam, desto mehr schob Niki alle psychologischen Nebeneffekte beiseite. Er programmierte seinen Computer um: Beide Augen auf Reutemann, denn es galt nicht den Grand Prix, sondern die WM zu gewinnen.
Reutemann verglich seine Position »mit der eines Boxers, der schon vor dem Kampf weiß, daß der k. o. gehen wird«.
Wenn es in Italien um Ferrari geht, dann steht sogar das Bodenpersonal des Himmels habt acht. Der Pfarrer von Arcore, jenem kleinen Ort, wo Ferrari logierte, erklärte sich bereit, das Morgengeläute seiner Kirche abzustellen, um Lauda - Regazzoni Sonntag morgen nicht aus dem Schlaf zu reißen.
Lauda fuhr in Monza seinen 55. Grand Prix. Er startete das Rennen aus seiner 17. Pole-Position. Er war vor dem Start eiskalt: Günther Traub registrierte 72 Pulsschläge – und das vor einer Entscheidungsschlacht. Niki schien sich zeitweilig an dem Monzawirbel zu weiden. Immer wieder störten ihn Autogrammjäger in völlig unpassenden Momenten. In solchen Situationen möchte er am liebsten aufbegehren, man sieht, wie er die Zähne zusammenbeißt und seinen Namenszug nur unter Protest abgibt.
Als Sonntag vormittag sintflutartige Regenfälle einsetzten, war das für diesen Monza-Schmelztiegel so abnormal, als würde in der Sahara ein Schneesturm toben. An manchen Plätzen stand das Wasser bis zu 20 cm hoch. Regazzoni segelte beim letzten inoffiziellen Test, mit Trockenreifen fahrend, in der Parabolica-Kurve von der Bahn. Anschließend räumten die Mechaniker gute 20 kg Sand aus Clays Ferrari. Lauda gab zu bedenken: »Wenn es so weiter schüttet, gibt's heute keinen Grand Prix.«
Aber kurz vor 13 Uhr wurde der Regen immer schwächer, die Sonne brach durch. Das Rennen war gesichert. Lauda ließ – wie vereinbart – Regazzoni auf Sieg fahren. Von der Ferrari-Box durch präzise Zeitzeichen über Reutemanns Ambitionen unterrichtet, zog das Ferrari-Tandem seine Kreise. Nach 11 Runden lagen die Ferrari 10 Sekunden vor Reutemann, der bereits von Fittipaldi angegriffen wurde.
In der 14. Runde war Fittipaldi Dritter. Ab der 17. Runde verlor Lauda auf Regazzoni Terrain. Nachher wußte man: das hatte nichts mehr mit Taktik zu tun. Nikis Ferrari begann immer stärker mit dem Heck auszu-

brechen. Fittipaldi, in der 21. Runde noch 15 Sekunden hinter Lauda, hatte sich bis zur 33. Runde bereits auf 5 Sekunden herangepirscht. Reutemann hingegen lag bereits 28 Sekunden hinter Lauda: Zu diesem Zeitpunkt war Lauda de facto schon Weltmeister, denn nur ein Sieg Reutemanns und ein Ausfall Laudas hätten das WM-Finale bis nach Watkins Glen vertagt.
Noch nie hatte Ferrari vor seiner Haustür in Monza so aufgetrumpft. Der alte Commendatore saß zu Hause in Maranello im Lehnstuhl und wurde TV-Augenzeuge, wie Clay Regazzoni den Grand Prix und Niki Lauda die Weltmeisterschaft gewann. Regazzoni-Fittipaldi-Lauda-Reutemann-Hunt-Pryce hieß der Einlauf. Der Schnitt des Siegers betrug 218,5 km/h.
Die Polizei baute mit ihren Armen eine Kette und riegelte die Boxenstraße hermetisch ab. Tausende Tifosi fielen wie eine Heuschreckenplage über den Start- und Zielraum her. Dächer brachen zusammen, Menschen flogen ein ganzes Stockwerk in die Tiefe, die Formel-I-Wagen mußten auf der Piste zwischen laufenden Menschen Slalom fahren.
Ferraris Cheftechniker Mauro Forghieri schwang sich auf den im Lauftempo fahrenden Lauda-Ferrari, ein Gittertor tat sich auf. Die Siegerwagen fuhren in den Parc ferme. Noch im Cockpit sitzend, motivierte Lauda, weshalb er »nur« Dritter geworden ist.
Was waren die ersten Worte von Weltmeister Lauda, als er sich den Sturzhelm vom Kopf zog? Jubilierte er? Weinte er? Versprühte er Bonmonts? Nein, Lauda beugte sich über das Ferrari-Heck und meinte: »Was da hingeworden ist — vermutlich ein Stoßdämpfer . . .«
Als ihn Journalisten um eine Aussage bestürmten, entschuldigte er sich: »Ich denke gerade nach, über mein Auto . . .« In den nächsten Stunden kam Lauda nicht mehr zum Nachdenken. James Hunt gratulierte, Reutemann rief: »Wunderbar, Niki!« Eine Polizeieskorte sollte sich mit Lauda zur Siegerehrung durchschlagen, der Kreis aber schloß sich immer enger, an den Gittertoren hingen ganze Divisionen von Menschenaffen, das Gedränge wurde lebensgefährlich.
Plötzlich war Emerson Fittipaldi an Nikis Seite: »Du hast dir's verdient«, schrie Fittipaldi, »ich bin nicht gerade happy, denn du hast mich entthront.«
Sechs berittene Polizisten ließen ihre Pferde tänzeln, die Menschenmasse bekam Angst und wich zurück.
Bei der Siegerehrung spritzte Regazzoni Niki aus 20 cm Entfernung den Sekt ins Gesicht. Nachher war Lauda nicht mehr Herr seiner selbst. Er wurde umarmt, geküßt, zerrissen, zerdrückt, geschüttelt, gezogen, getreten, gebeutelt und von einer Polizeieskorte im Inneren der Monzabahn herum-

gespült. Es war entwürdigend für den frischgebackenen Weltmeister, wie man mit ihm umsprang. Durchs Fenster bugsierte man ihn in das Pressezentrum. Das Kreuzverhör war erbarmungslos.
Hätten Sie Regazzoni besiegen können? Lauda: »Ich wollte es heute gar nicht probieren.«
Sind Sie glücklich? Lauda: »Erst wenn ich hier lebend rauskomme!«
Wie fühlen Sie sich? Lauda: »Im Moment hundert Jahre alt ...«
Was kommt nach der WM? Lauda: »Jetzt mach' ich einmal den Privatpilotenschein.«
Wie oft wollen Sie noch Weltmeister werden: Lauda: »Solange mir das Rennfahren Freude macht, werde ich fahren und versuchen zu gewinnen. Ich will aber nicht die Statistik vergewaltigen, ich nehme mir nicht vor, mehr Grand Prix als Stewart und mehr WM-Titel als Fangio zu gewinnen.«
Was machen Sie heute noch? Lauda: »Ich werde in aller Ruhe über den Titel nachdenken!«
Dort, wo Österreichs einziger Motorrad-Weltmeister, Rupert Hollaus, starb, wo Österreichs Jochen Rindt verunglückte, wurde Niki Lauda, 26 Jahre alt, Automobilweltmeister: In Monza hat sich wieder ein österreichisches Schicksal – diesmal zum besten – erfüllt.
Jetzt steht der Wiener dort, wo vor ihm Männer gestanden sind wie Farina, Ascari, Fangio, Hawthorne, Brabham, Phil Hill, Graham Hill, Clark, Surtees, Hulme, Rindt, Stewart und Fittipaldi, er steht sozusagen auf dem Mount Everest des Automobilsports.
Vielleicht hätte Lauda in der Fangio-Ära nie Weltmeister werden können. Die fahrerischen Kriterien haben sich mit den immer komplizierteren, anspruchsvolleren und schnelleren Rennwagen in Bereiche verlagert, wo schiere Muskelkraft und selbstmörderisches Draufgängertum längst von computerhafter Intelligenz ausgetrickst wurden.
Heute sind – ich nenne eine Hausnummer – hundert Faktoren für den Sieg ausschlaggebend. Vor zwanzig Jahren waren es nur zehn, übermorgen werden es hundertfünfzig sein, denn die Konkurrenz wird sich nach den von Lauda gesetzten Maßstäben ausrichten.
Laudas Sprung in die Formel I war eine Kreditaktion, eine Spekulation mit seinem Talent, von dem zunächst nur er selbst überzeugt war. Als ihn sein Cousin fragte: »Ich möchte Formel-III-Rennen fahren, wie beschaffe ich mir einen Kredit?« riet ihm Niki: »Auf diese Weise schaffst du das nie, laß dir was Neues einfallen.«
Eines ist ziemlich sicher: Die Niki-Lauda-Route zum Gipfel des Automobilrennsports wird nach ihm keiner so schnell mehr durchsteigen.

Wir gratulieren
dem von uns gesponserten
Weltmeister
NIKI LAUDA
RAIFFEISEN
Die Bank mit dem persönlichen Service